essentials

essentials liefern aktuelles Wissen in konzentrierter Form. Die Essenz dessen, worauf es als „State-of-the-Art" in der gegenwärtigen Fachdiskussion oder in der Praxis ankommt. *essentials* informieren schnell, unkompliziert und verständlich

- als Einführung in ein aktuelles Thema aus Ihrem Fachgebiet
- als Einstieg in ein für Sie noch unbekanntes Themenfeld
- als Einblick, um zum Thema mitreden zu können

Die Bücher in elektronischer und gedruckter Form bringen das Expertenwissen von Springer-Fachautoren kompakt zur Darstellung. Sie sind besonders für die Nutzung als eBook auf Tablet-PCs, eBook-Readern und Smartphones geeignet. *essentials:* Wissensbausteine aus den Wirtschafts-, Sozial- und Geisteswissenschaften, aus Technik und Naturwissenschaften sowie aus Medizin, Psychologie und Gesundheitsberufen. Von renommierten Autoren aller Springer-Verlagsmarken.

Weitere Bände in dieser Reihe http://www.springer.com/series/13088

Werner Schienle · Andreas Steinborn

Psychologisches Konfliktmanagement

Professionelles Handwerkszeug für Fach- und Führungskräfte

Werner Schienle
CCC Creative Communication Consult
Stuttgart, Deutschland

Andreas Steinborn
Korschenbroich, Deutschland

ISSN 2197-6708
essentials
ISBN 978-3-658-14316-9
DOI 10.1007/978-3-658-14317-6

ISSN 2197-6716 (electronic)

ISBN 978-3-658-14317-6 (eBook)

Die Deutsche Nationalbibliothek verzeichnet diese Publikation in der Deutschen Nationalbibliografie; detaillierte bibliografische Daten sind im Internet über http://dnb.d-nb.de abrufbar.

Springer
© Springer Fachmedien Wiesbaden 2016
Das Werk einschließlich aller seiner Teile ist urheberrechtlich geschützt. Jede Verwertung, die nicht ausdrücklich vom Urheberrechtsgesetz zugelassen ist, bedarf der vorherigen Zustimmung des Verlags. Das gilt insbesondere für Vervielfältigungen, Bearbeitungen, Übersetzungen, Mikroverfilmungen und die Einspeicherung und Verarbeitung in elektronischen Systemen.
Die Wiedergabe von Gebrauchsnamen, Handelsnamen, Warenbezeichnungen usw. in diesem Werk berechtigt auch ohne besondere Kennzeichnung nicht zu der Annahme, dass solche Namen im Sinne der Warenzeichen- und Markenschutz-Gesetzgebung als frei zu betrachten wären und daher von jedermann benutzt werden dürften.
Der Verlag, die Autoren und die Herausgeber gehen davon aus, dass die Angaben und Informationen in diesem Werk zum Zeitpunkt der Veröffentlichung vollständig und korrekt sind. Weder der Verlag noch die Autoren oder die Herausgeber übernehmen, ausdrücklich oder implizit, Gewähr für den Inhalt des Werkes, etwaige Fehler oder Äußerungen.

Bildideen von Peter Siebenhühner, Übernahme mit freundlicher Genehmigung: Abb. 3.1: „Das neue Projekt – Runde Sache oder eher riskant?" (eigene Grafik). Abb. 3.2: „Im Gegenspiel gibt es nur einen Sieger" (eigene Grafik). Abb. 4.1: „Ändern Sie das Spiel – vom Gegenspiel zum Spiel der Problemlöser" (eigene Grafik). Abb. 4.2: „Die magische Frage" (eigene Grafik).

Springer ist Teil von Springer Nature
Die eingetragene Gesellschaft ist Springer Fachmedien Wiesbaden GmbH

Was Sie in diesem *essential* finden können

- Konfliktmanagement: So machen Sie sich Ihr Leben leichter.
- So bewältigen Sie bestehende Konflikte, packen notwendige Konflikte an und beugen überflüssigen Konflikten vor.
- Wie beeinflussen Denk- und Wahrnehmungsprozesse Ihr Konfliktverhalten, und wie nutzen Sie diese Kenntnisse gewinnbringend?
- So vertreten Sie Ihre Anliegen klar und erfolgreich.
- So kontern Sie Grenzverletzungen der Gegenseite.
- Tragfähige Lösungen statt Kleinkriege = mehr Ressourcen für Ihre eigentlichen Aufgaben.

Stimmen zum Buch

Das Buch bringt dem leser in erfrischender Klarheit, Kompakt, präzise und dabei sehr kreativ neben gut verstehbarer Theorie viele praktisch sehr nützliche Ideen. Mit ihnen kann man in Konfliktsitutationen sehr erfolgreich die eigene Position wirkungsvoll Kommunizieren, und dies dabei mit Toleranz, Achtung und Neugier für Unterschiede. So können Konflikte in kraftvoll kooperative Begegnungen transformiert werden. Mein Glückwunsch zu diesem gelungenen Werk.

Dr. med. Dipl.-Volksw. Gunther Schmidt
Ärztlicher Direktor der Sys Telios- Privatklinik für psychosomatische Gesundheitsentwicklung Siedelsbrunn
Leiter des Milton-Erickson-Instituts Heidelberg

Konflikte sind Chancen. Wenn man sie als normal anerkennt, offenbaren sie ein schöpferisches Potential. Dieses Buch hilft Ihnen dabei.

Prof. Dr. Dr. Joseph Duss-von Werdt
Autor von „homo mediator"
Gilt als Pionier der Mediation in Europa

Inhaltsverzeichnis

1	**Einleitung**...	1
2	**Konfliktmanagement: Machen Sie sich Ihr Leben leichter**.........	3
	2.1 Die drei Gewinnfelder.................................	3
	2.2 Die drei Erfolgs-Säulen................................	4
	2.3 Betriebliche Konflikte: Dimensionen und Auswirkungen.........	4
3	**„Typisch Mensch" – Konfliktfallen**...........................	9
	3.1 „Da liegen Sie falsch!" Von Engländerinnen, Nervenzellen, Schützengräben, Landkarten – und Aristoteles................	9
	3.2 „Ich bin beharrlich – Du bist stur" und warum immer die anderen Schuld sind.....................................	15
	3.3 „Du bist das Problem!" – oder: Gefangen im ‚entweder – oder'....	17
	3.4 Kommunikationspannen – und die Zentrifugalkraft des unsichtbaren Tanzes...................................	19
4	**Handwerkszeuge für die Praxis**..............................	21
	4.1 Wie Sie typische Denkfallen umgehen.....................	21
	4.1.1 Ändern Sie das Spiel..............................	21
	4.1.2 Unterstellungen für Könner.........................	23
	4.1.3 „Die magische Frage".............................	24
	4.1.4 Achtung Kopf-Kino – und wozu eine kleine Lücke im Denken gut ist...................................	27
	4.2 Erwartungen, Erwartungen, Erwartungen....................	29
	4.3 Die Geheimnisse der Könner............................	31
	4.3.1 „Ich bin gerne geradeheraus" – Vorsicht! So formulieren Sie ehrlich *und* sozialverträglich.....................	31
	4.3.2 Feedback: Rückmeldungen geben und nehmen...........	33

	4.3.3	Die Hebammenkunst des Sokrates und der mäeutische Spiegel................................. 35
	4.3.4	Wie Sie den Stier bei den Hörnern packen............... 36
	4.3.5	Attacke? „So nicht!".............................. 38
	4.3.6	Notbremsen: Runterkommen von 180 40
5	**Der Lohn der Mühe** 41

Was Sie aus diesem *essential* mitnehmen können 43

Literatur und Quellen... 45

Einleitung 1

Wenn Menschen zusammen arbeiten, wird es im günstigsten Falle schwierig (Verfasser unbekannt).

Sie wollen mit Konflikten (noch) besser umgehen können? Sie wollen wissen, wie Sie Ihre Interessen umsetzen, ohne dabei Scherbenhaufen in Ihren Beziehungen zu Kollegen, Chefs, Mitarbeitern oder gar Kunden zu hinterlassen? In diesem *essential* erfahren Sie es.

Sie finden nicht nur jede Menge handfester und leicht im Alltag einsetzbarer Tools, sondern Sie gewinnen auch wertvolle Einblicke in konfliktfördernde menschliche Denk- und Wahrnehmungsprozesse, deren Berücksichtigung Ihr Leben um Vieles einfacher macht. Weniger Kleinkriege, dafür mehr Zeit und Energie für ihre eigentlichen Tätigkeiten.

Reibungsbedingte Verluste im beruflichen Zusammenspiel zu minimieren spart natürlich nicht nur Nerven bei den einzelnen Betroffenen, sondern bringt auch den jeweiligen Unternehmen handfeste wirtschaftliche Vorteile. Menschen mit hoher Konfliktkompetenz können im Umgang mit Ihren Kunden, Kollegen, Mitarbeitern und Führungskräften Ziele wesentlich besser erreichen und hinterlassen dabei zugleich deutlich geringere Kollateralschäden. Sie bewältigen bestehende Konflikte meist auf eine Weise, die keine auf Rache sinnenden Verlierer produziert. Notwendigen Konflikten stellen sie sich frühzeitig, damit diese nicht unter der Oberfläche weitergären und eine immer größere Sprengkraft anhäufen. Das allergrößte Potenzial aber heben sie dort, wo sie überflüssigen Konflikten durch kluges und geschicktes Verhalten von vornherein vorbeugen und auf diese Weise enorme Ressourcen für ihre eigentlichen produktiven Aufgaben gewinnen.

Kurzum: Finden Sie in diesem *essential* heraus, wie Sie Ihre Konfliktkompetenz erhöhen und dadurch mehr Erfolg und Zufriedenheit in Ihrer beruflichen Tätigkeit gewinnen.

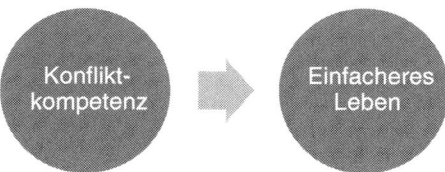

Konfliktmanagement: Machen Sie sich Ihr Leben leichter

2.1 Die drei Gewinnfelder

Die Inhalte dieses *essentials* sind hilfreich für alle drei Gewinnfelder professionellen Konfliktmanagements:

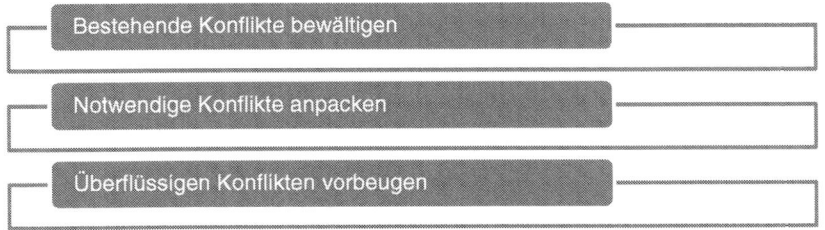

Es ist interessant: Wenn man Menschen fragt, was sie unter Konfliktmanagement verstehen, fällt ihnen in aller Regel das erste Feld ein: bestehende Konflikte **bewältigen.** Das zweite Feld wird schon erheblich seltener genannt: notwendige Konflikte **anpacken.** Damit sind jene Situationen gemeint, in denen man merkt, dass etwas in Schieflage ist, aber dennoch vermeidet, die Sache anzupacken. Man versucht, Differenzen unter den Teppich zu kehren. Wird die Situation dadurch besser? In manchen Fällen mag das vorkommen, vielfach aber gären die Spannungen weiter, setzen sich auf destruktive Weise im Verborgenen fort, und/oder kommen irgendwann mit wesentlich größerer Sprengkraft wieder nach oben. Am allerseltensten wird das dritte Gewinnfeld genannt: überflüssigen Konflikten **vorbeugen.** Tatsächlich aber birgt genau dieses Feld das mit Abstand größte Potenzial. Wenn Sie durch geschicktes Verhalten Konflikte erst gar nicht entstehen lassen, ersparen Sie sich immense Kosten und Energien, die Sie dann stattdessen für Ihre eigentlichen Aufgaben einsetzen können.

2.2 Die drei Erfolgs-Säulen

Die drei **Gewinnfelder** kennzeichnen die **Anwendungsbereiche** professionellen Konfliktmanagements. Die drei **Erfolgs-Säulen** hingegen beschreiben die **Kompetenzen,** die erforderlich sind, um in diesen Anwendungsbereichen auch tatsächlich erfolgreich zu sein. In einem allgemeineren Sinne beschreibt das **3-Säulen-Modell** Kompetenzpfeiler, die in allen Lebensbereichen, in denen Menschen es zu einer gewissen Könner- oder gar Meisterschaft bringen wollen, von Bedeutung sind. Dort, wo alle *drei* Säulen in solider, stabiler Qualität vorhanden sind, lassen sich professionelle (Höchst-)Leistungen erzielen.

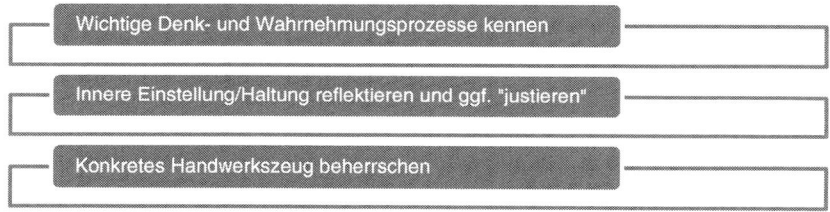

Die Denk- und Wahrnehmungsmechanismen finden Sie in Kap. 3, Handwerkszeug in Kap. 4, und die Aspekte der inneren Einstellung sind jeweils an den entsprechenden Stellen mit eingewoben.

2.3 Betriebliche Konflikte: Dimensionen und Auswirkungen

Warum macht es Sinn, sich mit der eigenen Konfliktkompetenz zu beschäftigen? Um sich (und anderen) das Leben leichter zu machen. Jeder kennt das: Unklare Botschaften in nebenbei fallenden Bemerkungen, Spannungen, unausgesprochene Vorwürfe, unklare wechselseitige Erwartungen, offene und verdeckte Konflikte. All das und noch mehr belastet die Beziehungskonten zwischen Kollegen, Mitarbeiten, Führungskräften, Lieferanten oder gar Kunden. Außer den psychischen Belastungen sind Konflikte zudem auch ausgesprochen teuer. Sie gehen einher mit gestörtem Informationsfluss, erhöhten Fehlerquoten, schlechter Stimmung, geringer Motivation, gestörten Beziehungen, erhöhten Krankheitsraten, Fehlentscheidungen, Produktivitätseinbußen, steigender Fluktuation und Aufwendungen für juristische Auseinandersetzungen. Im betrieblichen Umfeld kosten Konflikte messbar vor allem eins: produktive Arbeitszeit. In seinen Konfliktkostenstudien

2009 und 2012 errechnete das Wirtschaftsprüfungs- und Beratungsunternehmen KPMG für deutsche Unternehmen projektbezogene, *dysfunktionale* Konfliktkosten in Höhe von 50.000 bis 500.000 EUR je Projekt. In einem beispielhaft analysierten Führungskonflikt zwischen zwei Abteilungen addierten sich die Gesamtkosten, u. a. für Burn-out-bedingte Fehlzeiten und nicht gehaltene Deadlines, auf über sechs Millionen Euro innerhalb von drei Jahren!

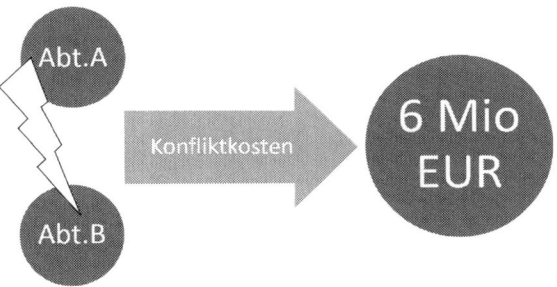

Hinzu kommen natürlich noch die Folgekosten nicht sauber bewältigter Konflikte: Vertrauensverlust intern und am Markt, zerstörte Beziehungen, Fluktuation und auf Rache sinnende Verlierer. Den höchsten Preis betrieblicher Konflikte zahlen allerdings die Akteure selbst – mit tief greifenden zwischenmenschlichen Frustrationen, massiven Motivationsverlusten und teilweise sehr nachhaltigen gesundheitlichen Problemen.

Egal welche Form ein betrieblicher Konflikt nach außen annimmt (z. B. Zielkonflikte zwischen Abteilungen, um Ressourcen buhlende Organisationseinheiten, konkurrierende Standorte, suboptimale Prozesse, unklare Vorgaben und Regeln …), in allen Fällen sind es *Menschen*, die mit ihren Entscheidungen und ihrem Verhalten zum weiteren Verlauf beitragen. Abstimmungen sind erforderlich, in Meetings, Telefonaten, schriftlich. Angenommen Sie sind für Ihre nächste Projektaufgabe auf die Recherchen eines Kollegen angewiesen und der liefert nicht pünktlich. Er hat von seinem Chef andere Aufgaben bekommen, sodass Sie und Ihre Kollegin jetzt blöd dastehen und nicht weiter kommen. Was tun Sie dann?

Einige spielen vielleicht Feuerwehr, führen die Recherche selbst durch und ärgern sich über den Kollegen. Also „irgendwie klarkommen". Aber das nagt womöglich an ihnen, gerade im Wiederholungsfall. Spannungen treten auf – und nach einer lautstarken Diskussion im Ressortmeeting mit dem gegenseitigen Vorwurf von Bereichsegoismus herrscht plötzlich gespannte Funkstille auf den Fluren.

Wie hier im Spannungsfeld von Linienaufgaben und Projekten betreffen Konflikte meist mehrere Aspekte gleichzeitig: Idealerweise klären die Beteiligten miteinander, welche Interessen im Raum stehen und welche Entscheidungen, Vereinbarungen und Regelungen zwischen Beteiligten und Hierarchien sie benötigen. Ziel sollte sein, sowohl für den aktuellen Fall als auch für die Zukunft die verschiedenen betrieblichen Ziele des Unternehmens und die Belange der Beteiligten bestmöglich aufeinander abzustimmen. Sie finden also Lösungen in Bezug auf die Sachdimension (Ziele, Fakten, Ressourcen), die Beziehungsdimension (Beziehungen, Status, Rollen, Aufgaben) und die Wertedimension (Werte, Normen, Standards, Regeln, vgl. Abschn. 4.2). In der Praxis laufen solche Klärungen häufig schief.

Die Bedarfsanalysen von Unternehmen, die mittels Trainings, Workshops oder Coachings in die Konfliktkompetenz ihrer Mitarbeiterschaft investieren, lassen sich zu einem großen Teil auf folgende zwei Problemfelder zusammenfassen:

1. **Übergroße Konfliktfreudigkeit:** Viele überflüssige Streitigkeiten in unnötig heftig ausgetragener Form, aggressiv, und mit entsprechend kostenträchtigen Reibungsverlusten, Eskalationsspiralen, Folgekonflikten, usw. Starre Lagerbildungen und sich chronifizierende Feindbilder zwischen Personen und/oder Abteilungen (z. B: „*DIE* vom Innendienst", „*DIE* von der Revision", „*DIE* von XY").
2. **Übergroße Konfliktängstlichkeit:** Wichtige, aber potenziell konfliktträchtige Themen werden nicht, zu spät, und/oder nicht konsequent genug angegangen. Kostenträchtiges Problemausblenden mit in der Folge teils massiven Verschlechterungen, Einigungen auf den kleinsten gemeinsame Nennern und drittbeste Lösungen.

Diese Problemfelder korrespondieren deutlich mit den von Seminarteilnehmern am häufigsten genannten Gründen für ihre Kursteilnahme. Einerseits: „*Ich bin häufig zu direkt.*", im Sinne von über das Ziel hinausschießen, was andere vor den Kopf stößt und zu allseitiger Verärgerung führt. Andererseits: „*Ich bin zu nachgiebig*"/„*zu zurückhaltend*"/„*zu nett*", im Sinne von klein beigeben, die eigenen Interessen nicht klar genug vertreten, sich nicht einbringen, sich resignierend zurückziehen. Die Folgen in der Praxis: Frustration bis hin zur inneren Kündigung. Und nicht selten entlädt sich der Frust dann auf anderen Wegen, in indirekter Stimmungsmache, Intrigen und passivem Widerstand.

2.3 Betriebliche Konflikte: Dimensionen und Auswirkungen

Wer tiefer hinschaut, findet fast immer (auch) ehrenwerte und positive Absichten:

- **Die Direktheit** drückt den Wunsch nach Klarheit und Ehrlichkeit aus. Man will die Dinge auf den Tisch bringen und mit der eigenen Meinung, auch wenn diese gerade nicht dem Gruppenkonsens entspricht, nicht hinterm Berg halten.
- **Der Zurückhaltung** liegt oft das Bestreben zugrunde, anderen nicht auf die Füße zu treten, und der Wunsch nach einem harmonischen Miteinander, nach Höflichkeit und Rücksichtnahme.

Allerdings: In der psychologischen Dynamik mutieren einseitig verfolgte positive Absichten leicht zu einer ins Negative kippenden Übertreibung. Ein einseitig überbetontes „klar & ehrlich" kann auf andere schnell als „unverschämt & streitsüchtig" wirken, während ein überbetontes „höflich & rücksichtsvoll" leicht in ein „diffus & nichtssagend" kippen kann.

In den folgenden Kapiteln erfahren Sie unter anderem, wie Sie beides miteinander verbinden und die Balance halten zwischen: Ihre Ansichten und Anliegen klar und offen vertreten *und* zugleich eine gute Qualität Ihrer Beziehungen wahren. Weder klein beigeben, noch andere unnötig vor den Kopf stoßen. Und vieles andere mehr, um die Fallstricke der alltäglich lauernden Konflikte in Ihrem Alltag gut zu bewältigen und sich das Leben einfacher zu machen.

„Typisch Mensch" – Konfliktfallen 3

Konfliktentstehungen und Eskalationen hängen oft eng zusammen mit bestimmten Denk- und Wahrnehmungsmechanismen, die uns in konflikthafte Entwicklungen und Dynamiken regelrecht hineinstolpern lassen. Obwohl solche psychologischen Konflikttreiber immensen Einfluss auf die Qualität unseres Miteinander haben, wirken sie meist unbemerkt im Hintergrund. Viele sind sich ihrer in keinster Weise bewusst.

In unseren Schulen werden sie nicht gelehrt und viele von uns ahnen gar nicht, um wie viel leichter das Leben wird, wenn man sie kennt und beachtet. Wer sich ihrer bewusst ist, kann ihren negativen Wirkungen gezielt entgegensteuern.

3.1 „Da liegen Sie falsch!" Von Engländerinnen, Nervenzellen, Schützengräben, Landkarten – und Aristoteles

In Konfliktsituationen kommt es auch bei identischer Informationslage häufig zu offen oder unterschwellig ausgetragenen Auseinandersetzungen über die „richtige" Beurteilung einer Situation oder eines Sachverhalts und der zu ziehenden Schlüsse. Beide Seiten wähnen sich im Recht und unterstellen der jeweils anderen Seite wahlweise ein falsches Verständnis, Unwilligkeit, einen Mangel an Kooperationsbereitschaft oder gar unlautere Motive. Das befeuert die Eskalation, fühlt sich doch jede Seite durch das uneinsichtige Verhalten der anderen Seite umso mehr im Recht. Aber wie kommt es zu so unterschiedlichen Vorstellungen, Sichtweisen, Realitäten, dass man manchmal den Eindruck gewinnt, der andere lebt in einer völlig anderen Welt? Neben der Funktionsweise unseres Gehirns und unserer Sinne beruht das sehr stark auch auf unseren soziokulturellen Prägungen und den Erfahrungskontexten unseres Heranreifens. Inklusive all der erworbenen und/oder übernommenen Präferenzen, Vorurteile und Interessen, sowie sprachlich und kulturell bedingten Bedeutungsunterschieden (Man denke z. B. an Bulgaren, die freundlich kopfschüttelnd eine Frage bejahen).

Paul Watzlawick, Altmeister der Kommunikation, liefert in *Wie wirklich ist die Wirklichkeit* (Watzlawick 2015, S. 74 f.) ein sowohl humorvolles wie auch höchst lehrreiches Beispiel dafür, auf welch widersprüchliche Weise Menschen die exakt gleiche Situation deuten und erleben können. In einer Studie zu den Unterschieden im Paarungsverhalten zwischen amerikanischen Soldaten („GIs"), die sich während des zweiten Weltkriegs auf britischem Festland aufhielten, und den einheimischen Frauen, bezichtigten sich beide Seiten gegenseitig eines Mangels an Zurückhaltung und sexuellen Taktgefühls. Der wechselseitige Vorwurf: *Die wollen mit einem immer viel zu schnell ins Bett.* Wie konnte es sein, dass sowohl die Frauen als *auch* die Männer der jeweils anderen Seite diesen Vorwurf machten? Es konnte ja nicht für beide zugleich stimmen, nicht wahr? Also musste wohl eine Seite die Unwahrheit sagen. Aber welche?

Bei näherer Untersuchung zeigte sich, dass beide Seiten ein weitgehend ähnliches Schema von rund 30 aufeinander folgenden Verhaltensschritten im Kopf hatten, wie in ihrer jeweiligen Kultur der Prozess vom ersten Blickkontakt bis hin zum Vollzug intimer Handlungen abzulaufen hatte. Wo aber lag dann das Problem? Es stellte sich heraus, dass es höchst entscheidende Unterschiede in der gewohnten *Reihenfolge* gab! Wenn der GI in einem frühen Stadium seinem Wunsch nach einem Wiedersehen Ausdruck verleihen wollte, gab er ihr einen ersten unschuldigen Kuss. Das entsprach etwa Stufe 5 seiner Stufenleiter. Damit aber stürzte er die Dame seines Herzens in eine gewaltige Irritation: Für sie war ein Kuss schon etwas sehr Erotisches und stand etwa auf Stufe 25 *ihrer* inneren Schrittfolgen. Der Kuss erfolgte aus ihrer Sicht also wesentlich zu früh. Offenkundig wollte der GI mit ihr ins Bett, obwohl sie doch noch fast völlig am Beginn ihrer Beziehung standen? Sie hatte nun angesichts eines solch ungestümen Draufgängers nur folgende Wahl: Sollte sie ihm den Laufpass geben? Dann war sie ihn los. Oder übersprang sie innerlich die versäumten Stufen und gab sich ihm bereits jetzt hin? Wenn sie sich zu Letzterem entschloss, dann allerdings fiel nun der GI vollkommen aus allen Wolken. Er war ja in *seiner* Schrittfolge noch völlig harmlos auf Stufe 5, während die Engländerin ihn nun ungestüm und vollkommen überraschend in Richtung Stufe 30 zog.

Mit anderen Worten: Vor dem Hintergrund ihrer jeweiligen Deutungsschemata hatten tatsächlich sowohl die Männer als auch die Frauen Recht, wenn sie behaupteten, die jeweils andere Seite wolle mit ihnen viel zu schnell ins Bett. Faszinierend!

Watzlawick war Konstruktivist und nach deren Meinung gibt es solche kulturellen Unterschiede nicht nur zwischen Völkern oder Nationen.

Aus konstruktivistischer Sicht baut sich jeder einzelne Mensch ständig seine eigene Wirklichkeit zusammen und *lebt* letztlich in seiner ganz individuellen Vorstellung der Welt. Jeder Mensch so eine Art *Minikultur*? Wie kommt das?

Das hat viel mit unserer Informationsverarbeitung zu tun. Permanent nehmen wir allein über unsere fünf Sinneskanäle Millionen von Einzelinformationen auf. Pro Sekunde! Und alle drängen über die Datenhighways unseres Körpers in Richtung Großhirnrinde, um sich im Bewusstsein bemerkbar zu machen. Zum Glück kommt dort nicht alles einfach ungefiltert an. Sonst säßen wir vermutlich apathisch in einer Ecke und wären nicht in der Lage, uns auch nur irgendwie zu orientieren. Ähnlich wie wir nicht jeden einzelnen Farbpixel eines Fotos bewusst erfassen (geschweige denn wiedergeben können), funktioniert unsere Wahrnehmung in Form von Filtern und verschiedenen Bearbeitungsstufen, um unser Bewusstsein vor einer ansonsten völlig chaotischen Datenflut zu schützen. Was am Ende in unserer bewussten Aufmerksamkeit tatsächlich ankommt ist eine hochaggregierte Auswahl inzwischen vielfach bearbeiteter und gefilterter Daten. Aus den -zig Millionen Bits pro Sekunde bastelt unser Gehirn permanent eine sehr überschaubare Anzahl benennbarer Informationen.

Auf Basis solcherart gefilterter und individuell geformter Eindrücke legt unser Hirn mittels synaptischer Verschaltung von Hirnzellen überlebensdienliche neuronale Verständnis-, Wiedererkennungs- und Handlungsmuster zur Strukturierung unserer Umwelt und unseres Verhaltens an, die naturgemäß auch selbst wiederum gefiltert und individuell geformt sind. Und jene ziehen wir dann im nächsten Schritt wiederum heran, um die gerade neu eintreffenden (individuell gefilterten und geformten) Informationen zu verarbeiten, um uns in der jeweiligen Situation zu orientieren und unsere Verständnis- und Handlungsmuster weiter auszubauen. Was von den aufgenommenen Daten beim erwachsenen Menschen als Wahrnehmung ins Bewusstsein gelangt, ist auch biografiebedingt das Ergebnis einer langen und fortdauernden persönlichen Entwicklung. Machen wir uns klar: Wenn ein Baby das Licht der Welt erblickt, dann *gibt* es noch keine Stühle, Tische oder Bauklötze. Die hat sein Hirn nämlich noch nicht erfunden. Es gibt im Wesentlichen einen völlig ungeordneten Brei aus Licht, Geräuschen und Empfindungen. Und es dauert sehr lange und das Hirn braucht zahllose Wiederholungen und mitunter schmerzhafte Erfahrungen (z. B. Kopf gegen Tisch), um geeignete neuronale Repräsentationsmuster und Verschaltungen zwischen diesen Mustern zu kreieren. Geeignet, um dem Bewusstsein eine *solche* Vorstellung und *solche* Bilder von der Welt da draußen zu vermitteln, die der eigenen Unversehrtheit in der gegebenen Umgebung dienlich sind. Und dann kommen neben angeborenen Neigungen und Persönlichkeitsanlagen im Laufe der Jahre all die ganz individuellen Erfahrungen hinzu. Aus zur Erfüllung bestimmter Bedürfnisse hilfreichen

Verhaltensweisen entwickeln sich Werte, Präferenzen und Haltungen. Und all dies verdichtet sich schließlich genau *jetzt,* in diesem Augenblick, zu *Ihrer* aktuellen Realität.

Nach diesem kleinen Exkurs zurück in die berufliche Praxis: Wenn Sie mit ein paar Kollegen im Meeting sitzen und alle dieselbe Präsentation erleben, so wird es dabei keine zwei Gehirne geben, in denen gerade der gleiche Film läuft: Der eine achtet z. B. auf den Innovationsgehalt der Ideen, der andere vielleicht mehr auf praktische Umsetzungsmöglichkeiten, ein Dritter eventuell auf die Professionalität der Präsentation. Die angestoßenen Assoziationen und Erinnerungen sind unterschiedlich und außerordentlich komplex in ihren neuronalen Verschaltungen. Und sie sind jeweils durchwirkt mit emotionalen Färbungen und Bewertungen, welche ihrerseits weitere Assoziationsketten aktivieren, verbunden mit ganz individuellen Wünschen, Hoffnungen und Befürchtungen. Das ist *Ihr* Film, *Ihr* Leben, *Ihre* ganz hochindividuelle Repräsentation und Vorstellung von der Welt in diesem Moment.

Ein kluger Mensch, Alfred Korzybski (1994), beschrieb diesen Sachverhalt einmal mit dem Satz: „Die Landkarte ist nicht die Landschaft" („The map is not the territory."). Meint: Unsere Vorstellungen von der Welt entsprechen nicht der Welt selbst. Das können Sie auch gar nicht. Wir haben rein physiologisch keinen Zugriff auf die Welt oder die Wahrheit an sich, wir haben nur unsere hirnvermittelte, sehr individuell konstruierte Repräsentation im Kopf. Und wenn wir über etwas reden, dann kann jeder notwendigerweise nur von seiner eigenen Landkarte sprechen. Das ist uns in der Praxis aber häufig nicht bewusst. Dann ähneln wir den oben genannten GIs und Engländerinnen, die sich darüber streiten, wer von beiden denn nun objektiv Recht habe.

So treffen wir ständig auf Menschen, deren innere Maßstäbe, Vorstellungen, Erwartungen und Bewertungssysteme sich von den unseren deutlich unterscheiden. Und die deshalb die Dinge anders wahrnehmen, bewerten und angehen als wir selber, ohne dass man dafür in der Regel einen bösen Willen zu unterstellen braucht. Sie haben eine andere Landkarte, eine andere Perspektive und ein anderes Erleben. Betrachten wir hierzu Abb. 3.1.

Wenn solcherart entgegengesetzte Sichtweisen in der Praxis aufeinanderstoßen, werden uns die wahren Hintergründe und die wechselseitigen Bedingtheiten des Verhaltens leider meist ebenso wenig bewusst wie den o. g. GIs und Engländerinnen. Und so fühlen wir uns lieber gerne mal unverstanden, schlecht behandelt, prinzipiell im Recht oder gar moralisch überlegen. Und das zeigt sich dann auch in den Dialogen, die von Feststellungen wie: „*Aber es ist doch so …*" über Belehrungen: „*Sie müssen doch einsehen …*" mitunter schnell auch persönlich werden, garniert bisweilen mit einer geharnischten Portion offenen Spotts: „*Sie sehen doch*

Abb. 3.1 Das neue Projekt – Runde Sache? Oder eher riskant?

schon wieder überall Monster! Jetzt bleiben Sie mal realistisch!" – *„Ja, ja, aber Sie mit Ihrer durch Fakten nicht zu erschütternden Naivität! Und die anderen dürfen es dann wieder ausbaden!"* Es schaukelt sich auf.

Findet in Gesprächen dieser Art ein echter Dialog statt? Wohl kaum, sondern eher ein „Monolog zu zweit". Keiner hört dem anderen in der Absicht zu, ihn zu *verstehen*, sondern um in einem Gefecht der Worte *als Sieger hervorzugehen*. Ein solches Gespräch entwickelt sich schnell zu einer Dynamik von zwei Kontrahenten, die sich in Schützengräben gegenüberliegen. Jeder duckt sich vor den Pfeilen der Gegenseite weg und versucht seinerseits, möglichst scharfe Pfeile abzufeuern. Wir nennen dies die **Schützengraben-Dynamik.** Während der Pfeil von A noch über B hinwegsaust, ist dieser mit seiner Aufmerksamkeit bereits voll darauf konzentriert, welchen Pfeil er seinerseits aus dem Köcher zieht und abfeuert. Vor diesem duckt wiederum A sich kurz weg und zückt *seinen* nächsten Pfeil. Kann in einer solchen Dynamik ein produktives Ergebnis herauskommen? Wohl kaum. Wo sich eine Interaktion auf Wegducken und Angreifen konzentriert, ist psychologisch und im Denken gar kein Platz für echten Dialog. Hauptsache Recht behalten! (Zum Ausstieg aus einer solchen Schützengraben-Dynamik siehe z. B. **Metakommunikation** und **magische Frage** in Abschn. 4.1.1 bzw. 4.1.3).

Angestachelt werden wir in solchen Rechthabereien durch eine logische Denkfigur, die wir zumindest in der westlichen Welt meist schon mit der Muttermilch aufgesogen haben, und über die schon Aristoteles philosophierte: Der *Satz vom Widerspruch* besagt sinngemäß, dass wenn zwei Aussagen sich widersprechen, mindestens eine davon falsch sein muss. *„Meine natürlich nicht!"* ist sich jeder sicher. Also *bleibt* nur, dass der *Andere* falsch liegt – und diese Schlussfolgerung hat höchst weitreichende Folgen! Aus der inneren Haltung der Inanspruchnahme der alleinigen Wahrheit heraus mutieren diejenigen, die anderer Ansicht sind, für einen dann sehr schnell wahlweise zu Gegnern, die es zu bekämpfen gilt, zu Ungläubigen, die man bekehren muss oder zu naiven Dümmlingen, die offenbar zu beschränkt sind um die Wahrheit zu begreifen. Wie von einer Richterempore herab fällen wir unser Urteil: *„Das sehen Sie falsch!"* oder geben uns gönnerhaft: *„Ich erklär Ihnen mal, wie das in Wahrheit ist."* Problem: Wie reagieren *Sie* innerlich, wenn Ihnen jemand die Korrektheit oder gar Rechtmäßigkeit Ihrer Sichtweise abspricht? Vermutlich wie die meisten Menschen: mit Widerstand und Ablehnung. Sei es in Form innerer Distanzierung oder auch mit offener Gegenwehr.

Die Denkfigur des Aristoteles mag in weiten Teilen der mathematischen Logik zutreffen, der Kommunikation zwischen Menschen taugt sie oft nicht. Wie das Beispiel der GIs und Engländerinnen zeigt, können selbst Aussagen, die sich klar zu widersprechen und wechselseitig auszuschließen scheinen, durchaus beide zutreffen. Natürlich gibt es Fragen, die sich objektiv klären lassen: Ist die Zahlenkolonne einer Kostenliste korrekt addiert? Liegt Napoleons Waterloo in England, Frankreich, Belgien oder den Niederlanden (Übrigens Vorsicht: Bei dieser Frage ist der Zeitbezug zu klären!)? Viele Fragestellungen aber, die im betrieblichen Kontext zu Konflikten führen, berühren Einschätzungen, Interpretationen, Bewertungen: *Welche Vorgehensweise ist die beste? Wer soll ins Projektteam? Wie viel Zeit, Geld, Personal benötigen wir für die neue Marketingoffensive? Macht es Sinn, in diese Richtung zu investieren? Wie wichtig ist uns das? Sollten wir das Produkt XY vom Markt nehmen?* Und so fort.

Jene Menschen, die glauben, letztgültige Aussagen und Urteile über *„die objektive Wahrheit"* treffen zu können, nennen wir **Wahrheitsdenker**. Ihre Haltung zeigt sich in Sätzen wie etwa *„Das sehen Sie falsch!"*, *„Das stimmt nicht!"* oder auch *„Da gebe ich Ihnen Recht."* Auch der zeitlose Klassiker des früheren Fußball-Bundestrainers Erich Ribbeck gehört in diese Kategorie. Auf die Frage, wie er mit Meinungen seiner Spieler umgehe, antwortete er:

> Ich kann es mir als Verantwortlicher für die Mannschaft nicht erlauben, die Dinge subjektiv zu sehen. Grundsätzlich werde ich versuchen zu erkennen, ob die subjektiv geäußerten Meinungen subjektiv sind oder objektiv sind. Wenn sie subjektiv sind, dann werde ich an meinen objektiven festhalten. Wenn sie objektiv sind, werde ich überlegen und vielleicht die objektiven subjektiv geäußerten Meinungen der Spieler mit in meine objektiven einfließen lassen (Erich Ribbeck).

Landkartendenker auf der anderen Seite sind sich grundsätzlich des Umstandes bewusst, dass ihre Landkarte weder „objektiv" noch jemals vollständig sein kann, und dass auch völlig unterschiedliche Sichtweisen gleichermaßen berechtigt und legitim sein können.

Das macht das Leben nicht übersichtlicher, ermöglicht aber langfristig bessere Entscheidungen. *Besser* im Sinne der Interessen aller Beteiligten und tragfähigerer Beziehungen. Denn Landkartendenker sind in der Lage, ihrem Gegenüber mit einer inneren Haltung von Achtung und Wertschätzung zu begegnen, auch dann, wenn die aktuellen Standpunkte deutlich auseinanderliegen.

3.2 „Ich bin beharrlich – Du bist stur" und warum immer die anderen Schuld sind

Kennen Sie das? Wer sich im täglichen Spießrutenlaufen im Büro als „Opfer" wahrnimmt, hat schnell auch einen „Täter" und Verursacher des eigenen Leids ausgemacht. Und wer *ist* schuld? Ob nun der Vertrieb die Strategie des Marketings torpediert, sekundiert von der auf Quartalszahlen fixierten Geschäftsleitung, oder ob das Marketing im Quartalsmeeting den chaotisch agierenden Vertrieb an den Pranger stellt: Schuld sind erst mal immer die anderen: *„Wenn die ihren Job machen würden, hätten wir keine Probleme!"*

Der Ausstieg aus einseitigen Schuldzuweisungen und Einstieg in einen konstruktiven Austausch ist oft erschwert durch unsere gewohnte Art der **Ursachenzuschreibung**. Die Art, wie wir Ursachen bestimmten Personen oder Umständen zuschreiben, lässt uns das Verhalten anderer typischerweise in einem völlig anderen Licht sehen, als unser eigenes: Uns selbst unterstellen wir selbstredend positive Absichten und betrachten unser eigenes, z. B. unnachgiebiges Verhalten in Diskussionen und Entscheidungsrunden als Ausdruck von „Charakter", „Beharrlichkeit" und „Standfestigkeit" im Ringen um die beste Lösung. Gleichzeitig erscheint uns der Kollege aber, auch wenn er von außen betrachtet praktisch das gleiche Verhalten wie wir zeigt, nicht etwa als „beharrlich", sondern als „stur". Und er hegt, so vermuten wir schnell, alles andere als reine Absichten. Und so fort:

- Ich bin durchsetzungsstark – Du bist rücksichtslos!
- Ich bin kommunikativ – Du bist geschwätzig!
- Ich bin vorsichtig – Du bist ein Feigling!
- Ich bin argumentationsstark – Du bist ein Besserwisser!
- Ich bin engagiert – Du bist aggressiv!

Den unterschiedlichen Bewertungen gleichen Verhaltens liegt eine Funktionsweise unseres Gehirns zugrunde, die wie kaum etwas anderes zur Eskalation beiträgt, und die z. B. im Bereich des Tastsinns leicht nachweisbar ist: Der Neurowissenschaftler und Cambridge-Professor Daniel Wolpert beschreibt ein Experiment (Sukhwinder et al. 2003), in dem er und seine Kollegen jeweils zwei Versuchspersonen aufforderten, abwechselnd und gegenseitig über mehrere Durchgänge hinweg mittels einer Hebelmechanik Druck auf den Zeigefinger ihres Gegenübers auszuüben. Jeder sollte stets genauso stark drücken, wie er den von seinem Gegenüber zuvor ausgeübten Druck am eigenen Finger empfunden hatte. Obwohl jeder ehrlichen Herzens davon überzeugt war, entsprechend der Instruktion stets nur *so* stark zu drücken, wie sein Gegenüber vorher gedrückt hatte, schaukelte sich der Druck tatsächlich massiv auf und stieg im Schnitt um 40 % pro Durchgang!

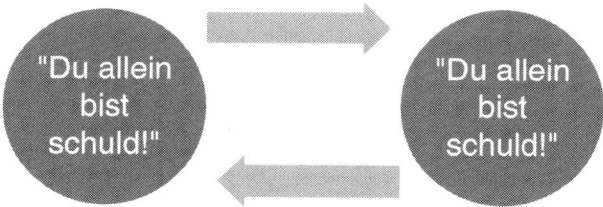

Das Frappierende und Fatale: Die Versuchspersonen waren sich ihres eigenen Anteils an der Steigerung nicht bewusst. Aus ihrer Sicht hatte jeweils ausschließlich *der andere* jedes Mal stärker gedrückt! Wir nennen dieses Phänomen die **Asymmetrie der Wahrnehmung** und es wirkt erfahrungsgemäß nicht nur im Bereich des Tastsinns. Menschen neigen dazu, ein (vermeintlich oder tatsächlich) gegen sie gerichtetes Verhalten anderer als wesentlich schwerwiegender wahrzunehmen, als ihr eigenes, völlig analoges Verhalten. Deshalb erscheint uns z. B. ein barscher Ton, wenn wir ihn selber an den Tag legen, wesentlich akzeptabler, als wenn sich ein anderer uns gegenüber in gleicher Weise äußert. Und deshalb auch erscheint uns das, was wir bei uns selbst als eine Tugend schätzen (etwa Genauigkeit oder die Fähigkeit kritische Punkte auf den Tisch zu bringen) bei anderen oft als eine negativ übersteigerte Verhaltensweise (etwa Erbsenzählerei oder Nörgelei). Oder gar als Ausdruck ihres unangenehmen Charakters: Der andere *ist* eben ein elender Besserwisser.

Auf die Dynamik von Konflikten hat diese Asymmetrie der Wahrnehmung eine tendenziell höchst fatale und destruktive, unnötig eskalierende Wirkung. Denken Sie an Ihr letztes Streitgespräch: Jeder glaubt ehrlichen Herzens, es dem anderen lediglich mit *gleicher* Münze heimzuzahlen, legt aber in Wahrheit jedes Mal eine ordentliche Schippe oben drauf. Gleichzeitig fühlen sich beide angesichts der vermeintlich *einseitig vom Gegenüber* ausgehenden Verschärfungen moralisch zu einem erneuten „Gleichziehen" berechtigt - und legen wiederum eins drauf! Und so fort in beide Richtungen. Für beide Seiten ist absolut „klar", wer hier der Verschärfer und somit der „Böse" ist: immer der Andere!

Zusätzlich erschwerend kommt hinzu, dass wir dazu neigen, unser eigenes Verhalten sehr stark den Umständen geschuldet einzuordnen, z. B.: *„Ich habe das so gemacht, weil der andere mich so grob behandelt hat."* Kritisches Verhalten der anderen hingegen schreiben wir tendenziell deren Charakter zu: *„Er hat das so gemacht, weil er eben ein so rücksichtsloser Typ ist."*

3.3 „Du bist das Problem!" – oder: Gefangen im ‚entweder – oder'

Die Tatsachen, dass Landkarten praktisch nie deckungsgleich sind, dass die Asymmetrie der Wahrnehmung unsere Bewertungsmaßstäbe zuungunsten unseres Gegenübers beeinflusst und dass wir die Ursache für das Verhalten unseres Gegenübers in ihm selbst und seinem Charakter verorten, legen für uns in der Praxis oft nahe, dass „natürlich" *der Andere* das Problem ist – in all seiner Uneinsichtigkeit oder gar Böswilligkeit. Und wenn dann im inneren und äußeren Zwiegespräch mit ihm die emotionalen Wogen hochschlagen und die Bilder im Kopf-Kino eskalieren, neigen wir dazu, dem Anderen nach und nach jeden Zug menschlicher Liebenswürdigkeit abzuerkennen. Ein Feindbild ist geboren. Die entsprechende innere Haltung prägt dann das Geschehen: Beide stehen sich als Gegner gegenüber und immer deutlicher lautet wechselseitig die Botschaft: *„DU bist das Problem"* (Abb. 3.2). Im Gegnerspiel ist nur Platz für *einen* Sieger und so sinnt der jeweilige Verlierer brennend drauf, sich bei nächster Gelegenheit auf passende Weise zu rächen. Wertvolle Ressourcen verglühen in unproduktiver, konfliktgebundener Zeit- und Energieverschwendung.

Gefangen im „Du oder ich" verfestigen sich neben den persönlichen Aversionen auch die vertretenen Positionen zum „entweder – oder", zu schier unüberbrückbaren Gegensätzen. Die Positionen der Gegenseite werden zum Teufelswerk hochstilisiert. Beispiel: Angesichts einiger offenkundig gewordener Fehlentscheidungen im Unternehmen geraten zwei Fraktionen aneinander: *„Wir brauchen mehr Standardisierung, also mehr verbindliche Regelungen für Entscheidungen!"* Positive Absicht dahinter: z. B. die Qualität und Nachvollziehbarkeit von Entscheidungen sicherstellen. Die andere Seite hingegen fordert lautstark: *„Wir brauchen mehr Entscheidungsfreiheit vor Ort!"*. Positive Absicht: z. B. individuelle Kompetenzen situationsbezogen flexibler nutzen. Beide Seiten malen

Abb. 3.2 Im Gegnerspiel gibt es nur einen Sieger

bezüglich der gegnerischen Position das Schreckensbild der ins Negative kippenden Übertreibung an die Wand: Aus ‚*mehr verbindlichen Regelungen*' wird ein individualitätsfeindliches ‚*jedem haarklein vorschreiben, was er zu tun hat*'. Und aus ‚*mehr Entscheidungsfreiheit vor Ort*' wird ein anarchisches ‚*Jeder macht was er will, keiner macht, was er soll, und alles versinkt im Chaos*'. Friedemann Schulz von Thun (2013) hat die Art der Beziehung zwischen solchen Polen als **Wertequadrate** beschrieben (vgl. Abb. 3.3). Selbst im Kleinen reagieren Menschen auf gut gemeinte Vorschläge (*„Lasst uns hier einfach mehr individuelle Lösungen ermöglichen."*) häufig geradezu reflexartig mit einer ins Negative kippenden Übertreibung, die sie dann als Totschlagargument einsetzen: *„Soll jetzt hier jeder machen, was er will? Was für ein gefährliches Chaos!"*

Die diagonalen Pfeile in Abb. 3.3 zeigen die Gegensätze auf: Willkür als Gegenteil von Standardisierung, Entscheidungsfreiheit als Gegenteil von Zwang. Setzt sich nun eine Seite als „Sieger" durch, führt das in der Praxis häufig zu qualitativ minderwertigen weil unausgewogenen Lösungen. Deren z.T. massiv schädliche Folge- und Nebenwirkungen für Motivation und Erfolg werden im Eifer des Gefechts meist nicht früh genug erkannt. Hohe Konfliktkosten sind die Folge.

Im vorliegenden Beispiel etwa könnte durch einen umfassenden Katalog verbindlicher Entscheidungsregeln für alle irgendwie denkbaren Fälle und durch die damit einhergehenden Einschnitte in die Autonomie der Akteure vor Ort über kurz oder lang deren Arbeitszufriedenheit drastisch abnehmen. Die ist bekanntermaßen stark geprägt von der individuell erlebten Handlungs- und

3.4 Kommunikationspannen – und die Zentrifugalkraft des ...

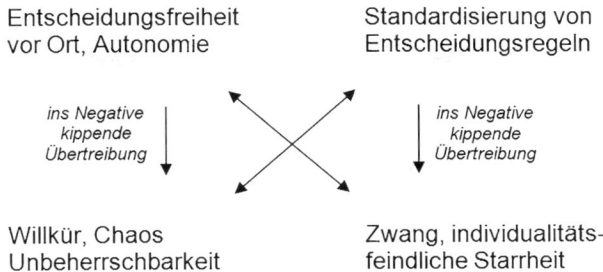

Abb. 3.3 Wertequadrat Entscheidungsfreiheit vs. Standardisierung. (Quelle: Begriffe: Autoren; Strukturidee Wertequadrat: Friedemann Schulz von Thun 2013)

Entscheidungsfreiheit (Autonomie). In der Folge könnten steigende Fluktuation und der Verlust wichtigen Erfahrungswissens die Kosten einzelner Fehlentscheidungen für das Unternehmen bei weitem übersteigen. Die Besten gehen immer zuerst.

In der Praxis liegt die Lösung in einem Wandel der inneren Haltung: Weg vom polarisierenden *„Entweder-oder"*, also raus aus dem Gegner-Spiel, hin zu einem *„Sowohl-als-auch"*. Die negativen Übertreibungen will niemand. Stattdessen geht es darum, einen konkreten Handlungsrahmen zu schaffen, der den Akteuren eine praxistaugliche Balance der beiden *positiven* Interessen bietet. Und ein solcher wird am ehesten dann gefunden, wenn beide Seiten sich **nicht als Gegner, sondern als Partner der Lösungssuche** sehen.

3.4 Kommunikationspannen – und die Zentrifugalkraft des unsichtbaren Tanzes

> Die sachlichen Probleme, die in einem Betrieb zu Konflikten führen, betragen maximal 10 % aller Schwierigkeiten. Die restlichen 90 % werden verursacht durch Kommunikationspannen (Michael Birkenbihl).

Einer sagt etwas, der andere bekommt es in den falschen Hals – und schon geht es wieder los. Unterschiedliche Landkarten (vgl. Abb. 3.1.) über das, was gerade geschehen ist, können sehr schnell eine ungute Dynamik ergeben. Manchen Lesern dürfte das Modell der „Vier Seiten einer Nachricht" von Friedemann Schulz von Thun (2013) bekannt sein, in dem deutlich wird, dass die ausgetauschte Botschaft zu guten Teilen ein Erzeugnis von Sender *und* Empfänger ist.

Von den vier von ihm genannten Aspekten (Sache, Beziehung, Appell, Selbstkundgabe) geraten vor allem zwei davon häufig durcheinander und entwickeln Zündstoff für Konflikte: Sachaspekt und Beziehungsaspekt.

Beispiel: Kollege A zu Kollege B: *„Und machen Sie den Bericht fertig, ja?! Uns läuft die Zeit davon!"* Nehmen wir an, B fühlt sich nun durch A von oben herab behandelt, in seiner Kompetenz abgewertet, und belehrt wie ein dummer Schuljunge. Die Beziehungsebene gerät in Schieflage. B könnte seinen diesbezüglichen Unmut explizit thematisieren. Stattdessen hält er in trotziger Weise und mit abwehrendem Kopfschütteln dagegen: *„Wieso denn? Wir haben doch noch jede Menge Zeit!"* Darauf wieder A: *„Jede Menge Zeit? Haben Sie mal in den Kalender geschaut?"* B kontert erneut: *„Klar, aber Sie schätzen den Aufwand offenbar völlig falsch ein."* A – nun etwas lauter: *„Machen Sie lieber Ihren Job, anstatt hier mit solchen Diskussionen noch mehr Zeit zu vergeuden!"* B unterbricht: *„Mit etwas besserer Vorarbeit von Ihnen wäre die Sache schon längst vom Tisch!"* A scharf: *„Wenn Sie diesen Auftrag versauen, wird Ihnen das noch leidtun, das versprech' ich Ihnen!"*... Spüren Sie die treibende Kraft der Asymmetrie der Wahrnehmung? Und wie sich die Beiden Runde um Runde in der Eskalationsspirale nach oben schrauben? Wenn Sie in betrieblichen Diskussionen solche Symptome bemerken wie *ins Wort fallen, Schuldzuweisungen, Unterstellungen, persönliche Abwertungen* und Drohungen, dann geht es dort meist schon längst nicht mehr um die eigentliche Sache. Unausgesprochen steht in solchen Säbelfechtereien dann eine ganz andere Frage im Mittelpunkt: *Wer hat hier das Sagen?* Und damit sind wir mitten in der Beziehung.

Das Schlimme: Die Kontrahenten drehen sich mit ihrer Diskussion im Kreis, treiben sich auseinander und kommen in der Sache kein Stück voran. Statt in einer fruchtbaren Zusammenarbeit landen sie im Gegnerspiel, mit all den damit verbundenen Nachteilen und Risiken. Weil der eigentliche Kernpunkt des Streits nicht offen in Erscheinung tritt, nennen wir diese Art der Konfliktdynamik den **unsichtbaren Tanz** – ein erstaunlich oft gespieltes „Spiel", auch im beruflichen Alltag. Was geschieht da? Anstatt die auf der Beziehungsebene empfundene Störung zu klären, versucht B sich auf der Sachebene zu behaupten. Dort aber ist die Lösung nicht zu finden. Schulz von Thun (2013) bezeichnet den Versuch, einen Beziehungskonflikt auf der Sachebene zu klären, treffend als den *Kardinalfehler der Kommunikation*. Der Versuch ist aussichtslos und treibt die Kontrahenten – befeuert durch die spaltende Kraft der Asymmetrie der Wahrnehmung – in kräftezehrende Grabenkämpfe.

Handwerkszeuge für die Praxis 4

Lesen Sie in diesem Kapitel von Tools und Techniken, die Ihnen in der alltäglichen Praxis den Umgang mit Konflikten erleichtern. Natürlich gibt es keine Patentrezepte, die immer und überall sogar unlösbare Konflikte aus der Welt schaffen. Darum geht es auch gar nicht. Es geht um einen Richtungswechsel von Eskalation zu Deeskalation, von Spaltung zu Lösungsfindung, von destruktiven Kommunikationsdynamiken zu konstruktivem Austausch. Und jede einzelne Technik dient dazu, die *Wahrscheinlichkeit zu erhöhen,* dass Sie auch aus einer schon recht verfahrenen Situation zumindest wieder in so etwas wie einen akzeptablen Modus vivendi hineinfinden. Es müssen sich ja nicht gleich alle lieb haben im Betrieb. Gleichzeitig spricht aber auch nichts dagegen, dass alle mit einem guten Gefühl in die Arbeit gehen, kreativ und gemeinsam produktiv sind und sich gegenseitig in die Augen schauen können. Dass es einfach läuft.

4.1 Wie Sie typische Denkfallen umgehen

4.1.1 Ändern Sie das Spiel

Wie kommen Sie heraus aus den zerstörerischen Dynamiken des Gegnerspiels und des unsichtbaren Tanzes? Es hat oft eine geradezu entwaffnende Wirkung, wenn Sie sich in einer beginnenden Konfrontation gar nicht weiter als Gegner zur Verfügung stellen und stattdessen an die Seite Ihres Gegenübers treten, sich für seine Anliegen interessieren und stark machen. Wohlgemerkt: ohne die eigenen Interessen aufzugeben! Sie könnten in der unter Abschn. 3.4 beschriebenen Situation z. B. die sogenannte **Metakommunikation** für eine Art virtuellen Schulterschluss nutzen, indem Sie die aktuelle Kommunikationssituation zum Thema machen: *„Jetzt reden wir uns hier gerade ganz schön die Köpfe heiß. Aus meiner*

Sicht wäre die Frage hilfreich: Wie kriegen wir Zwei es im Zusammenspiel hin, dass das Erstellen solcher Berichte zu unserer beider Zufriedenheit läuft?" Allgemein gesprochen: 1) Beschreiben/kommentieren Sie die Situation und die momentane Art des Austauschs und 2) machen Sie einen Vorschlag für ein alternatives Vorgehen.

In einer wilden Teamdiskussion bzgl. der Frage, welche von mehreren vorgeschlagenen Regelungen die beste sei, könnte das z. B. so klingen: *„Leute, es ist ganz schön laut hier. Sagt doch mal bitte jeder ganz in Ruhe, was er dazu denkt: Was wollen wir mit dieser Regelung eigentlich am Ende erreichen?"* Oder etwas textreicher: *„Liebe Kollegen, ich merke, wir streiten hier wie die Kesselflicker! Aber wir kommen nicht wirklich voran. Ich schlage vor, dass wir zunächst einmal klären, welchen Kriterien eine gute Regelung überhaupt gerecht werden muss, also was wir uns davon genau versprechen. Und wenn wir da Klarheit haben, dann überlegen wir, welche der Ideen diese Anforderungen am besten erfüllt. Oder ob wir vielleicht sogar etwas ganz anderes brauchen. Einverstanden?"* Sie schlagen also einen **Wechsel des Fokus der Aufmerksamkeit** vor: weg von Positionen, hin zu Interessen, Ziel- und Erfolgskriterien.

Vielleicht werden nicht gleich alle „Hurra!" schreien. Und vielleicht benötigen Sie mehrere Anläufe. Erfahrungsgemäß aber steigt die Wahrscheinlichkeit deutlich, dass Sie damit die Eskalation zurückfahren und den Beginn einer sachgerechteren Diskussion bewirken. Oder dass Sie wie im Fall des Berichts einen fruchtbaren Austausch über wechselseitige Vorstellungen, Wünsche und Erwartungen bzgl. der Zusammenarbeit anstoßen. Denn: Was *hält* die Leute in einer Konfrontation oft auf Eskalationskurs? Keiner will als Verlierer dastehen – und schon gar nicht vor Publikum. Und so kämpfen sie verbissen weiter. Wenn Sie aber eine Möglichkeit aufzeigen, *ohne Gesichtsverlust* aus der Konfrontation auszusteigen und gleichzeitig weiterhin die eigenen Interessen zu verfolgen, dann sind Viele ganz froh darüber und bereit für einen Modus-Wechsel: Weg vom Gegnerspiel, hin zum Spiel der Problemlöser.

Unterstützend kann auch ein Appell an das Selbstbild sein, etwa: „Wir sind ja sicherlich alle an einer vernünftigen Lösung interessiert…" Und **lösungsorientierte Impulse und Fragen** richten den Fokus der Aufmerksamkeit und damit die Energie wieder auf ein gemeinsames, konstruktives Handeln: *„Was machen wir denn jetzt?", „Wie gehen wir nun mit dieser Situation um?", „Was schlagen Sie vor?"*

Prüfen Sie Ihre innere Haltung: Geht es Ihnen darum den anderen zu übertrumpfen, zu besiegen *oder* wollen Sie *in der Sache* eine gute Lösung erreichen? Im ersten Fall lesen Sie Machiavelli, Beiträge zu „schwarzer Rhetorik" und Ähnliches. Im zweiten Fall lesen Sie Ury (2007) und geben Sie so häufig wie möglich zu erkennen, dass es Ihnen eben nicht darum geht, Schuldige zu suchen und

4.1 Wie Sie typische Denkfallen umgehen 23

„Wir haben ein Problem.
Lass uns schauen, wie wir das hinkriegen."

Abb. 4.1 Ändern Sie das Spiel – vom Gegnerspiel zum Spiel der Problemlöser

zu kreuzigen, sondern dass Sie auf Augenhöhe mit der anderen Seite an einer Lösung arbeiten wollen, die den Interessen aller Beteiligten Rechnung trägt. Ändern Sie das Spiel: Vom Gegnerspiel zum Spiel der Problemlöser (Abb. 4.1).

4.1.2 Unterstellungen für Könner

> Behandle die Menschen so, als wären sie, was sie sein sollten, und du hilfst ihnen zu werden, was sie sein können (Johann Wolfgang von Goethe).

Für viele Situationen im beruflichen Alltag hat sich folgende Ausgangsvermutung bewährt: Unterstellen Sie den Anderen – bis zum Beweis des Gegenteils –

positive Absichten. Wer wie im unter Abschn. 3.3 genannten Beispiel z. B. *„die Freiheiten anderer durch hemmungslose Regelungswut einschränkt"*, verfolgt vermutlich die positive Absicht, durch klare Strukturen zu mehr Verbindlichkeit und Klarheit in Abläufen zu gelangen – wer hingegen scheinbar *„chaotische Zustände und verantwortungslose Unzuständigkeit riskiert"* fördert aus eigener Sicht wahrscheinlich gerade die Autonomie, Handlungsfähigkeit und Selbstverantwortung der Akteure. Das inakzeptable Verhalten, das Sie wahrnehmen, ist letztlich die ins Negative gekippte Übertreibung einer positiven Absicht, so wie Sie es im Wertequadrat in Abb. 3.3 gesehen haben.

Natürlich kann es – vor allem in bereits sehr eskalierten Konflikten – auch sein, dass die Gegenseite Ihnen tatsächlich übel will. Wo es also naiv und gefährlich sein könnte, freundliche Absichten zu unterstellen. In der Regel haben Sie dann aber auch schon einschlägige Vorerfahrungen mit diesen Personen. Ein schwieriges Dilemma hinsichtlich der optimalen Erwartungshaltung ist nie ganz zu knacken: Die Wahl Ihrer Erwartungshaltung (positive vs. negative Unterstellungen) nämlich hat *selbst* wiederum eine gewisse rückbezügliche Wirkkraft auf die Dynamik der Geschehnisse. Stichwort selbsterfüllende Prophezeiung. „Wie es in den Wald hineinschallt, so schallt es auch wieder heraus." weiß der Volksmund zu berichten. Agieren Sie auf Basis positiver Unterstellungen, steigt die Wahrscheinlichkeit positiven Verhaltens auch bei Ihrem Gegenüber.

Letzten Endes geht es um ein Abwägen der Chancen und Risiken jeweils positiver vs. negativer Erwartungshaltungen. Wie auch immer Sie sich im Einzelfall dann entscheiden: Wägen Sie diese Alternativen *bewusst* ab. Wenn Sie dann über Ihren Schatten springen und auch in bereits heiklen Situationen das Risiko einer positiven Erwartungshaltung wagen, eröffnen Sie die Chance für eine sich selbst erfüllende Prophezeiung.

4.1.3 „Die magische Frage"

Prüfen Sie in Auseinandersetzungen Ihre Motive. Sitzen sie beispielsweise in der Falle des Rechthabenmüssens fest? Dann werden Sie sich vermutlich des Öfteren im Gefechtsmodus und der zugehörigen Schützengraben-Dynamik wiederfinden (vgl. Abschn. 3.1). Falls Ihr Ziel aber das Finden und Entwickeln guter Lösungen ist, gibt es zieldienlichere Ansätze. Zum Beispiel: Nutzen Sie statt des **Gefechtsmodus** den **Erkundungsmodus.**

Im Kern lässt sich der Erkundungsmodus in einer ganz einfachen Frage an Ihr Gegenüber zusammenfassen: *„Wie sehen Sie die Situation?"* Dabei geht es natürlich nicht um den genauen Wortlaut der Formulierung, sondern um die Haltung, die sich damit verbindet: Die Haltung des Forschers und Entdeckers, der ein Gebiet erkunden und verstehen lernen möchte.

In der Praxis erweist sich der Unterschied zwischen Gefechtsmodus und Erkundungsmodus als fundamental. Tatsächlich als *so* fundamental, dass wir diese Frage „*Wie sehen Sie die Situation?*" auch **„die magische Frage"** nennen (Abb. 4.2).

▷ Wenn Sie sich aus diesem gesamten *essential* nur eine einzige Sache einprägen wollen, dann schlagen wir dafür die magische Frage vor.

Abb. 4.2 Die magische Frage

Denn die Auswirkungen des damit einhergehenden Erkundungsmodus sind – verglichen mit dem Gefechtsmodus – absolut und grundlegend andere.

Versetzen Sie sich anschauungshalber in eine hitzige Auseinandersetzung, bei der die Pfeile (Argumente) heftig hin und her fliegen. Aufgrund der Schützengraben-Dynamik sind Sie und Ihr Gegenüber völlig damit ausgelastet, möglichst viele Pfeile abzuschießen, und den herannahenden Geschossen möglichst gut auszuweichen. Für eine genauere Betrachtung und Analyse dieser Geschosse fehlt natürlich nicht nur die Zeit, sondern auch die dafür notwendige innere Verfassung und Ruhe. Inmitten dieses Austauschs von Geschossen – so stellen Sie sich bitte des Weiteren vor – hält Ihr Gegenüber plötzlich inne und sagt: *„Ich stelle fest, dass wir hier zwar gerade jede Menge wechselseitiger Attacken führen, aber mir fällt auf, dass ich offen gesagt noch nicht einmal genau im Bilde bin, wie eigentlich Ihre Sicht der Dinge ist. Dürfte ich Sie bitten, mir diese einmal in Ruhe zu schildern?"* Was würde diese Frage tendenziell bewirken? Die Erfahrung zeigt, dass damit Weichen für eine völlig andere Gesprächsatmosphäre gestellt werden können. Sofern Sie sich auf die Frage einlassen und der Fragende nicht versehentlich in den Gefechtsmodus zurückfällt, stehen die Chancen gut, dass sich das Gespräch in eine vollkommen andere und sehr viel produktivere Richtung entwickelt.

Warum funktioniert das in der Praxis so gut? Zum einen natürlich deshalb, weil gilt: Je genauer Sie die Landkarte Ihres Gegenübers verstehen (was selbstverständlich nicht heißt, dass Sie sie auch gutheißen müssen), desto eher finden Sie Ansätze für beidseitig gute oder doch zumindest akzeptable Lösungen. Es gibt aber noch weitere positive Wirkungen: Ein Akteur im Erkundungsmodus sendet völlig andere Signale aus. Er zeigt Interesse statt Ablehnung. Er macht deutlich, dass er gerne verstehen möchte, wie der andere die Situation sieht. Unausgesprochen zeigt er damit Respekt, wenn nicht sogar Wertschätzung, und nutzt damit zwei fundamentale Zutaten für gelingende Kommunikation. Und das wiederum wirkt sich positiv auf die Beziehungsebene aus. Und wir alle wissen: Wenn die Beziehungsebene stimmt, dann haben wir – Stichwort Konfliktvorbeugung – mit dieser Person wesentlich seltener und auch wesentlich geringfügigere Konflikte (Abb. 4.2).

Es sei noch ein weiterer Vorteil der magischen Frage genannt. Nehmen Sie im obigen Beispiel weiterhin an, dass Sie Ihrem Gegenüber im Gesprächsverlauf dann also Ihre Sicht der Dinge geschildert haben. Er hat noch ein paarmal genauer nachgefragt, Sie haben geantwortet, und am Ende fasst er Ihre Sicht der Dinge sogar noch mal mit eigenen Worten zusammen, und Sie nicken und bestätigen, dass er Ihre Sichtweise korrekt wiedergegeben hat. Und an dieser Stelle des Gesprächs fragt er Sie nun: *„Ok, soweit habe ich Sie also offensichtlich richtig verstanden. Dürfte ich umgekehrt nun auch Ihnen einmal* meine *Sichtweise*

4.1 Wie Sie typische Denkfallen umgehen

ein bisschen genauer schildern?" Was glauben Sie wäre Ihre Antwort? Nur die Wenigsten würden ihm das an dieser Stelle abschlagen. Das weltweit und kulturübergreifend nachweisbare Phänomen der Reziprozität (Gegenseitigkeitsnorm) beschreibt den Umstand, dass wenn Ihnen jemand einen Gefallen getan hat, der psychologische Druck in Ihnen steigt, diesen Gefallen zu erwidern. Auf diese Weise kann das Verstehen der Landkarten also mit etlicher Wahrscheinlichkeit in beide Richtungen ausgedehnt werden und somit der Boden noch besser bereitet werden für echten Dialog und konstruktiven Austausch.

Und last but not least: Selbstverständlich müssen Sie mit der magischen Frage nicht warten, bis eine Situation bereits im Schützengraben angelangt ist. Ganz im Gegenteil. Je häufiger Sie sie auch ganz allgemein nutzen, und je früher Sie in potenziell heiklen Situation den Erkundungsmodus einschalten, desto höher sind Ihre Erfolgschancen für gute Entwicklungen und konstruktive Lösungen. Viele überflüssige Konflikte werden so auf „magische" Weise erst gar nicht entstehen!

4.1.4 Achtung Kopf-Kino – und wozu eine kleine Lücke im Denken gut ist

Den Filterprozessen unserer Wahrnehmung fallen sehr viele Informationen zum Opfer. Und auch unsere Annahmen über den Verlauf und die Ursachen von Geschehnissen sind, wie Sie in Kap. 3 sehen konnten, notwendigerweise lückenhaft und oft einseitig. Deshalb kommt es z. B. häufig zu Unterstellungen und Anschuldigungen, die dann sehr schnell eskalieren können. Das folgende kleine Wahrnehmungsexperiment veranschaulicht Ihnen ein höchst wichtiges Funktionsprinzip unseres Gehirns, welches uns in diesem Zusammenhang besonders gern Streiche spielt. Einige Leser kennen es vielleicht noch aus dem Biologie-Unterricht: Sie sehen nachfolgend zwei große Zeichen abgebildet: „+" und „–". Bitte betrachten Sie nun speziell das „–"-Zeichen[1]. Schließen Sie das *rechte* Auge. Variieren Sie nun den Abstand zwischen Ihrem linken Auge und der Seite, indem Sie den Text abwechselnd langsam weiter weg (bis auf ganze Armlänge) und nah heran (bis kurz vor das Gesicht) führen. Was beobachten Sie? Das „+" ist zwischendurch verschwunden? Genau. Und was nehmen Sie dann an *der* Stelle war, wo vorher das „+" zu sehen war? Nichts? „Nichts" kann unser Gehirn bildlich nicht darstellen. Es füllt die Lücke und vermutlich sehen Sie an der Stelle weiße

---

[1]Falls Sie dieses *essential* als E-Book lesen, stellen Sie den Darstellungsmaßstab bitte so ein, dass zwischen den beiden Zeichen ca. 6 bis 9 cm Abstand liegen.

Fläche. Wie kommt das? Dahinter steckt der altbekannte **blinde Fleck:** In einem bestimmten Bereich unserer Netzhaut befindet sich der Anknüpfpunkt des Sehnervs. Von dort werden die visuellen Wahrnehmungsinformationen der Netzhaut gebündelt an das Gehirn weitergeleitet. In diesem Bereich haben wir aber keine lichtempfindlichen Zellen, also keine Sehzellen in Form von Stäbchen oder Zapfen.

$$+\qquad\qquad\qquad -$$

Das heißt: Wenn durch Verschieben des Abstands zwischen Auge und Text das „+" in diesen Bereich rutscht, dann *können* wir es nicht sehen. Und was macht unser Gehirn? Es wird kreativ und füllt die Lücke mit sinnvoll erscheinenden Informationen. Letztlich arbeitet das Gehirn nach dem Prinzip der größtmöglichen Wahrscheinlichkeit: *„Drumherum ist ja auch alles weiß, dann wird das da wohl auch weiß sein."* – und füllt die Lücke in diesem Fall mit weißer Fläche aus. Und das funktioniert auch mit komplexen Mustern, z. B. achtziger-Jahre Strukturtapete! Probieren Sie es aus, auch mit geblümten oder karierten Stoffmustern! Unser Gehirn ist sehr leistungsstark. Es extrapoliert den Musterverlauf, füllt die Lücke, und man hat tatsächlich den Eindruck, das entsprechende Muster laufe ungebrochen weiter (ein Beispiel für Musterauffüllung finden Sie hier: https://de.wikipedia.org/wiki/Blinder_Fleck_%28Auge%29). Das heißt: Obwohl wir gerade definitiv etwas übersehen, gaukelt uns unser Hirn vor, wir hätten ein vollständiges Bild!

Dieses Phänomen finden Sie exakt analog auch im Bereich der Kommunikation, mitunter mit äußerst ernsten und weitreichenden Folgen. Hier ein – zum Glück harmloseres – Beispiel: Einem großen Konzern und Interessenten für unsere Konfliktmanagement-Seminare hatten wir zugesichert, ihm bis zum nächsten Tag ein Angebot per E-Mail zukommen zu lassen. Wir schickten es pünktlich wie versprochen ab, und trotzdem erhielten wir am übernächsten Tag eine höchst geharnischte Mail, wo denn unser Angebot bliebe. Er habe nichts bekommen. Der betreffende Interessent schlug dabei einen sehr scharfen und verärgerten Tonfall an und warf uns Unzuverlässigkeit und Mangel an Professionalität vor. Wir schickten ihm daraufhin ein Bildschirmfoto unserer Mail mit Versanddatum und Uhrzeit, und es stellte sich schließlich heraus, dass es aufseiten seiner Firma ein Serverproblem gegeben hatte, wodurch er unsere Mail nicht erhalten konnte.

Er aber war gar nicht auf die *Idee* gekommen, dass es außer seiner Annahme „Die haben das nicht geschickt" auch noch völlig andere Ursachen geben konnte. Daher sah er sich zu seinem sehr verärgerten Ton völlig berechtigt. Anschließend war ihm das natürlich peinlich. **Er hatte die Möglichkeit übersehen, dass er etwas übersehen könnte.** Den Auftrag erhielten wir dann trotzdem, und es folgte eine lange und sehr angenehme Geschäftsbeziehung daraus. Aber das Beispiel zeigt, wie leicht blinde Flecken zu unangemessenen Vorwürfen und falschen Anschuldigungen führen können, die sich in der Praxis dann ohne Weiteres zu richtig ernsten Konflikten auswachsen können.

Verschärfend kommt noch folgender Umstand hinzu: Wenn ein Konflikt sich zuspitzt, neigen wir sehr schnell zu schwarz-weiß-Kategorien. Freund oder Feind? Gut oder böse? Und oft glauben wir schon auf Basis minimaler Informationen genau zu wissen, was jemand im Schilde führt. Unser Gehirn versorgt uns blitzschnell und kreativ mit Worst-Case-Szenarien und unerbetenem Kopf-Kino. Um Sie vor vorschnellen Fehlsch(l)üssen zu bewahren, hier folgende Empfehlungen:

- Trennen Sie sehr bewusst zwischen belastbarem Wissen einerseits, und Indizien, Vermutungen und Interpretationen andererseits.
- Erinnern Sie sich regelmäßig an die tückische Macht blinder Flecken: **Wer etwas übersieht, der sieht nicht, dass er etwas übersieht!** Halten Sie daher stets eine kleine Lücke im Denken offen. Halten Sie – insbesondere, bevor Sie jemanden vorschnell attackieren – für möglich, dass sie gerade etwas übersehen.

Das heißt nicht, ständig unendlich viele Möglichkeiten durchdenken und analysieren zu sollen. Das ginge auch gar nicht. Je wichtiger eine Sache allerdings ist, desto kritischer und sorgfältiger sollten Sie im Zweifelsfall Ihre eigenen Annahmen und vermeintlichen Gewissheiten überprüfen.

4.2 Erwartungen, Erwartungen, Erwartungen

Wie können Sie eine stabile und nachhaltige Basis für Zusammenarbeit schaffen? Eine der ergiebigsten Quellen betrieblicher Spannungen und Konflikte sind gestörte Beziehungen aufgrund unklarer, unausgesprochener und letztlich enttäuschter wechselseitiger Erwartungen. Wenn Sie überflüssige Konflikte vermeiden wollen, dann legen Sie das Hauptaugenmerk auf eine gedeihliche Beziehungsebene. Hilfreich dafür ist unter anderem ein Abgleich der wechselseitigen Erwartungen. Viele Spannungen werden sich dann erst gar nicht aufbauen.

Zugegeben: Nicht alle gegenseitigen Erwartungen sind miteinander vereinbar. Viele Probleme bestehen tatsächlich aber auch deshalb, weil der eine von den Erwartungen des anderen einfach zu wenig weiß. Der Unmut äußert sich in empörten Klagen: *„Ja, aber das gehört sich doch so!"* – Wusste der Andere aber nicht. Er hat da eine andere Landkarte. Oder: *„Ja, aber das macht man doch nicht!"* – Das hat dem Anderen aber noch nie einer erzählt. Wie „man" etwas macht, das ist halt sehr von den individuellen Erfahrungen, Sichtweisen, kurz: Landkarten abhängig.

Wir haben in unserer Praxis als Konfliktmoderatoren, Trainer und Coaches etliche Fälle erlebt, in denen ungeklärte wechselseitige Wünsche und Erwartungen zu massiven und auch wirtschaftlich teils extrem kostspieligen Reibungsverlusten führten. Dabei ist die Vorbeugung so einfach: Setzen Sie sich mit Ihren betrieblichen Partnern, Kollegen, Mitarbeitern, Chefs und auch Kunden zusammen und *tauschen Sie Ihre wechselseitigen Wünsche und Erwartungen aus*. Klären Sie miteinander, wie die Zusammenarbeit jenseits der ISO-Prozessbeschreibungen am besten gelingen kann. Stellen Sie Fragen:

- *„Was ist Dir/Ihnen in der Zusammenarbeit besonders wichtig? Worauf legen Sie besonderen Wert? Was erwarten Sie von mir/uns?"*
- *„Was brauchst Du von mir, damit Du Deinen Job gut machen kannst?"*
- *„Wenn die Situation XY eintritt: Wie stimmen wir uns dann aus Ihrer/Deiner Sicht optimal ab, um schnellstmöglich zu einem guten Ergebnis zu kommen?"*

Und fragen Sie vertiefend nach, bis Sie es so konkret wie nötig verstanden haben. Klären Sie auch die jeweiligen Zuständigkeiten (wer macht was?), Entscheidungsbefugnisse, Mitwirkungs- und Informationsbedürfnisse. Und besprechen Sie den Umgang mit Abweichungen:

- *„Wie gehen wir damit um, wenn Erwartungen nicht erfüllt wurden? Wie tauschen wir uns dazu aus? Wie bereinigen wir das?"*

Machen Sie sich auch klar, was Ihnen selbst für eine gute Zusammenarbeit wichtig ist, was Sie erwarten und um was Sie die andere Seite ggf. bitten wollen. Natürlich, das Leben ist kein Wunschkonzert und nicht alles wird sich 1:1 realisieren lassen. Konzentrieren Sie sich zunächst auf die wichtigsten Anliegen. Zeigen Sie Geduld, bleiben Sie beharrlich und offen für alternative Lösungen. Vielleicht werden Sie an dem einen oder anderen Punkt länger herumfeilen, bevor Sie eine Einigung finden. Der Aufwand lohnt: Indem Sie sichere Wege bauen, räumen Sie die zahlreichen Fettnäpfchen und Fallgruben persönlicher Befindlichkeiten aus dem Weg. Erarbeiten Sie ein gemeinsam geteiltes Bild, also eine Vorstellung davon, wie die Zusammenarbeit ganz konkret gelingen kann. Übrigens auch, wenn es bereits zu Enttäuschungen gekommen ist: Steigen Sie via Metakommunikation (vgl. Abschn. 4.1.1) in die Klärung ein und halten Sie je nach Verbindlichkeitsbedarf die wichtigsten Punkte ggf. auch schriftlich fest. Konstituieren Sie mit dieser **expliziten Rollen- und Erwartungsklärung** die Grundlage Ihrer Zusammenarbeit, die Basis für Ihren gemeinsamen Erfolg. Probleme wird es trotzdem geben, so ist das Leben, aber machen Sie es den Problemen ruhig so richtig schwer.

4.3 Die Geheimnisse der Könner

> Ich weiß nicht, was ich gesagt habe, bevor ich nicht die Antwort des Anderen darauf gehört habe (Norbert Wiener).

Von Steve de Shazer, einem DER Begründer der Lösungsorientierung (De Shazer 1989), ist der Satz überliefert, dass Verstehen eigentlich unmöglich sei. Bestenfalls seien wir in der Lage, möglichst hilfreiche Formen des Missverstehens zu schaffen. Gleichwohl aber kennt wohl jeder ein paar Menschen, die auf besondere Weise mit ihren Mitmenschen zurechtkommen. Worin bestehen sie, die Geheimnisse dieser Könner? Einige davon haben Sie oben schon gelesen, weitere folgen nun in den kommenden Abschnitten.

4.3.1 „Ich bin gerne geradeheraus" – Vorsicht! So formulieren Sie ehrlich *und* sozialverträglich

„Blödsinn! Da haben Sie vollkommen unrecht!" – Wer mit einem Selbstverständnis à la *„Ich bin immer geradeheraus! Ich sage den Leuten direkt ins Gesicht was ich denke!"* unterwegs ist, schreibt sich dabei vermutlich folgende positive Eigenschaft zu: Ehrlichkeit. Nur hat diese Form von Ehrlichkeit gewisse Nebenwirkungen – sie wirkt oftmals verletzend. Ist das dann nur das Problem des Anderen, der halt „die Wahrheit nicht verträgt"? Nein. Denn im Regelfall wird der Andere mit Abwehr und Widerstand reagieren, und das macht es vor allen Dingen auch *Ihnen* schwerer, Ihre Anliegen zu erreichen. Sie legen Ihren Interessen damit also selbst Steine in den Weg.

Also nicht ehrlich sein? Doch. Aber auf verträgliche Weise. Die Herausforderung besteht darin, einerseits ehrlich zu sein, und zugleich auf eine möglichst **widerhakenarme Weise** zu kommunizieren.

Leitschnur:

- hart in der Sache *(klar, eindeutig)*
- weich zur Person *(akzeptabel formuliert, nicht verletzend)*

Angesichts der Asymmetrie der Wahrnehmung (vgl. Abschn. 3.2) braucht es gerade in heiklen Situationen ein besonderes diplomatisches Geschick. Denn ein: *„Was Sie da sagen stimmt doch einfach nicht."* wird durch die Asymmetrie der Wahrnehmung auf Empfängerseite schnell zu einem gefühlten *„Sie sind ein Dummkopf!"* oder auch *„Sie sind ein Lügner!"* Es geht nicht darum irgendetwas weichzuspülen. **Die wohlverstandene Kunst der Diplomatie** zielt darauf, dass Sie sich nicht ohne Not selbst Steine (= Widerstand der Gegenseite) in den Weg legen, aus denen sich dann nach und nach unüberwindliche Mauern zusammenfügen. Vermeiden Sie daher Formulierungen, die beim Gegenüber eine Abwehrhaltung begünstigen. Also beispielsweise Du-Botschaften und charakterbezogene Abwertungen *(„Sie sind einfach zu unsensibel.")*, die Inanspruchnahme objektiver Wahrheiten *(„Das ist einfach falsch, was Sie da sagen, denn in Wahrheit...")*, negativ assoziierte Wortwahl *(„Ihre Vorschläge sind völlig unrealistisch.")*, Verallgemeinerungen *(immer, nie, ständig)* und befehlende oder verbietende Vokabeln *(„Sie müssen doch einsehen ...", „Sie dürfen nicht glauben, dass ...")*.

Setzen Sie stattdessen **Selbstkundgaben** ein, also Formulierungen, in denen Sie sehr klar *Ihre* Sichtweisen, Anliegen, Erwartungen und Meinungen kundtun ohne dabei Ihr Gegenüber oder sein Verhalten zu bewerten. Das können Ich-Botschaften sein wie z. B.: *„Ich sehe das anders.", „Ich bin mit der Entwicklung unzufrieden.", „Ich habe die Erfahrung gemacht, dass ...", „Ich würde gern zunächst ..."* ebenso wie beispielsweise: *„Mir ist wichtig, dass...", „Wir glauben nicht, dass sich dieser Markt positiv entwickelt, weil ...", „Aus meiner Sicht spielt hier der Faktor Zeit eine entscheidende Rolle ..."* oder *„Für uns geht es vor allem um..."* usw. **Zeigen Sie Landkartenbewusstsein,** indem Sie von Ihrer eigenen, notwendigerweise *subjektiven* Landkarte aus argumentieren, anstatt den Anderen ins Unrecht zu setzen. Es hat psychologisch gesehen eine völlig andere Wirkung, ob Sie sagen *„Da haben Sie Unrecht."* Oder ob sie sagen *„Das sehe ich anders."*

Nach dem Einstieg können Sie Ihre Stellungnahme mit einer magischen Frage verknüpfen: *„Nach drei Monaten Erfahrung halte ich offen gestanden nicht viel von der neuen Vorgehensweise, weil sie meiner Ansicht nach mehr neuen Aufwand als Erleichterungen bringt. Wie sehen Sie das?"* Dieses sprachliche Muster kann Ihnen in der Praxis regelmäßig gute Dienste leisten: Anhand der Verknüpfung von Selbstkundgabe *(„Mir ist wichtig, dass...")* und Appell *(„Lassen Sie* uns bitte..."*) beziehen Sie zuerst selber klar Stellung und fordern dann zu etwas auf. Appellieren Sie in Form einer Bitte, eines Wunsches, Vorschlags, einer Erwartung oder einer auffordernden Frage, z. B.: *„Ich bin nicht sicher, ob ich Ihren Punkt richtig verstanden habe. Könnten Sie die Abfolge der Umsetzungsschritte bitte noch einmal erläutern?"* oder: *„Ich denke, dass unsere Kunden vor allem langlebige Produkte wünschen. Was haben wir zu bieten?"*

Auch sehr harte Rückmeldungen (*„Ihre Leistungen sind völlig unzureichend. Ich verlange von Ihnen, dass sich das bessert!"*) lassen sich mit dem Muster **Selbstkundgabe + Appell** diplomatischer und damit für den weiteren Verlauf förderlicher gestalten: *„Ich bin stinksauer, dass das jetzt zum dritten Mal schiefgelaufen ist! Wie kriegen wir es hin, dass wir diesen Kunden ab der kommenden Woche wieder pünktlich beliefern?"* Sozialverträgliches Formulieren bedeutet also nicht zwangsläufig weicheierische Gefühlstümelei. Der Einstieg in ein Feedbackgespräch aus Führungssicht könnte z. B. so klingen: *„Ich bin offen gestanden mit dem bisherigen Verlauf des Projekts höchst unzufrieden. Ich werde zunächst erläutern, was genau mich stört. Anschließend möchte ich, dass wir gemeinsam überlegen, wie Sie Ihr Vorgehen neu ausrichten."*

4.3.2 Feedback: Rückmeldungen geben und nehmen

Sie ärgern sich immer wieder über bestimmte Verhaltensweisen anderer Personen, z. B. eines Kollegen? Und Ihr Ärger oder Frust liegt über der Schwelle, wo Sie sich damit arrangieren wollen oder können? Mögliche Situationen hierfür gibt es viele. Unzureichende Arbeitsqualität, mangelnde Pünktlichkeit, unangenehmer Körpergeruch, rüdes Verhalten, Faulheit auf Kosten anderer, usw. Wie überall gibt es auch hier kein Patentrezept mit absoluter Erfolgsgarantie. Ein geschickt angebrachtes Feedback aber wird – verglichen mit Nichtstun – die Chance auf Besserung wesentlich erhöhen. Und für Führungskräfte gehören Feedbackgespräche ohnehin zum normalen Aufgabengebiet. Wie aber können Sie jemanden am ehesten für eine Verhaltensänderung gewinnen?

Sorgen Sie zunächst für günstige Rahmenbedingungen. Vermeiden Sie Feedback zwischen Tür und Angel. Auch Hektik oder externe Störungen sollten vermieden werden. Zusätzlich können Sie den Boden bereiten, indem Sie Ihrem Gegenüber die Möglichkeit bieten, sich innerlich vorzubereiten, dass eine potenziell heikle Mitteilung im Raume steht. Hierfür eignet sich die Methode des „mehrfachen Anklopfens" (übrigens durchaus auch bei Feedback gegenüber hierarchisch Höhergestellten. Dieses mag zwar Mut erfordern, kann im Berufsalltag aber ebenfalls dazugehören): *„Ich würde Ihnen gern zu Punkt X eine Rückmeldung geben. Wäre das in Ordnung* *für Sie?"* – „Sicher." – *„Haben sie denn einen Moment, ich meine, passt es Ihnen gerade auch* zeitlich?" – „Ja, bitte. Schießen Sie los." Manche Rhetorik-Fans werden vielleicht im ersten Satz den Konjunktiv monieren – finden Sie *Ihre* Worte, damit Ihr Feedback-Empfänger sich gut auf Ihre Rückmeldung einstellen kann.

Folgende Punkte erhöhen beim Feedbackgeben Ihre Erfolgschancen:

- respektvolle Grundhaltung
- beschreibend statt bewertend (oder gar verurteilend)
- konkret statt allgemein
- bezieht sich auf Verhalten, nicht auf Charakterzuschreibungen
- Message nicht: „Das machen Sie falsch", sondern: „Damit habe ich Schwierigkeiten, weil…"
- benennt nicht nur das unerwünschte Verhalten und dessen Nachteile, sondern auch das gewünschte Verhalten und dessen Vorteile
- kommt in verkraftbarer Dosierung

Wenn Sie nicht der Feedback-*Geber* sondern Feedback-*Nehmer* sind, dann sind folgende Verhaltensweisen hilfreich:

- die genannten Punkte in Ruhe anhören
- ausreden lassen
- nicht rechtfertigen, verteidigen, abstreiten
- interessiert nachfragen
- sich bedanken
- auf sich wirken lassen, reflektieren, Schlüsse ziehen
- prüfen, ob und ggf. welche Konsequenzen man ziehen möchte

Jedes erhaltene Feedback ist eine Chance die Sichtweise des anderen zu erfahren. Zuhören und nachfragen bedeutet selbstverständlich nicht, dass man sich den Inhalten anschließen muss, aber es dokumentiert Respekt vor dem anderen, seinen Sichtweisen und seinen Anliegen. Also eine innere Haltung, die die Möglichkeit und Wahrscheinlichkeit konstruktiven Austausches entscheidend verbessert.

Abschließend der zum Thema Feedback wichtigste Punkt: **Geben Sie auch positives Feedback!** Und zwar nicht nur als Einleitung für nachfolgend kritisches Feedback, sondern wieder und immer wieder auch „einfach so"! So oft wie immer Sie Gelegenheit dazu finden! Unser Wahrnehmungsapparat tendiert dazu, störendes Verhalten anderer wie unter der Lupe zu vergrößern, während uns all die zahllosen Situationen, in denen etwas reibungslos und gut läuft, oft durchs Wahrnehmungsraster fallen. Andere dafür zu gewinnen, unerwünschtes Verhalten abzulegen, ist sicher

4.3 Die Geheimnisse der Könner

hilfreich. Jedoch zudem auch das bereits vorhandene positive Verhalten wahrzunehmen und zu würdigen ist sicherlich die noch wichtigere Kunst. Und sie stärkt und festigt zudem eine gute Beziehungsebene und somit das Fundament, auf dem eine nachhaltig gedeihliche Zusammenarbeit überhaupt nur möglich ist.

4.3.3 Die Hebammenkunst des Sokrates und der mäeutische Spiegel

> Suche erst zu verstehen, dann verstanden zu werden (Stephen R. Covey).

Mäeutik heißt aus dem Griechischen übersetzt „Hebammenkunst", gemäß einer Sokrates zugeschriebenen Gesprächsmethode. Er gab Weisheiten nicht einfach so weiter, sondern half seinen Gesprächspartnern durch geschicktes Fragen, diese aus sich selbst heraus zu entwickeln (zu „gebären"). Angelehnt daran ist der mäeutische Spiegel ein Werkzeug zur Gesprächsführung, welches auf sehr einfachen Leitlinien beruht, die allerdings in der praktischen Anwendung Geschick, Feingefühl und eine hohe Aufmerksamkeit erfordern. Eingesetzt werden kann der mäeutische Spiegel beispielsweise als Fortsetzung und Vertiefung zur magischen Frage (vgl. Abschn. 4.1.3), wenn es darum geht, die Landkarte des anderen genauer zu erkunden, aber auch in vielen anderen Situationen der Konfliktklärung bzw. -Vorbeugung. Hier die Leitlinien für den „Interviewer":

- das vom Gegenüber Gesagte zwischendurch immer wieder mit eigenen Worten zusammenfassen
- sich vergewissern, ob der andere mit der Zusammenfassung inhaltlich einverstanden ist
- Raum für Korrekturen und Ergänzungen geben
- erst nach den jeweiligen Zusammenfassungen neue, weiterführende Fragen stellen
- keine Bewertungen äußern
- am Ende die Landkarte nochmals insgesamt knapp zusammenfassen

Typische Satzanfänge und -enden des mäeutischen Spiegels lauten „Habe ich Sie richtig verstanden, dass Sie also..., richtig?", „Wenn ich es richtig sehe, sind Sie der Auffassung, dass..., oder?", „Bitte korrigieren Sie mich, wenn ich es falsch wiedergeben sollte, aber das heißt also, dass...?"

Das Ziel ist (erst) dann erreicht, wenn der andere zustimmt, dass man seine Landkarte hinsichtlich der für die aktuelle Situation relevanten Teile vollständig korrekt wiedergegeben hat.

Die Wirkungen dieser einfachen Gesprächstechnik sind mitunter geradezu durchschlagend. Menschen, die noch keine Erfahrung damit haben und beginnen, damit zu experimentieren, sind oft völlig erstaunt, wie sie damit eine Gesprächsatmosphäre und Dynamik erzeugen, die viele positive Dinge ermöglicht.

- Das konzentrierte Interesse vermittelt Respekt und Wertschätzung und fördert somit eine positive innere Haltung auch beim Gegenüber.
- Im Gegensatz zu einem oberflächlichen „Ja, ich verstehe Sie." kann der Gefragte unmittelbar *erkennen,* wenn er verstanden wurde.
- In Fällen, in denen er nicht richtig verstanden wurde, kann eine unmittelbare Korrektur erfolgen.
- Die Gesprächstechnik unterstützt den Gefragten, mehr Informationen zu seiner Landkarte mitzuteilen als er es sonst tun würde.
- Durch die Gesprächstechnik sieht der Gefragte die eigene Argumentation „im Spiegel des anderen" und entdeckt nicht selten dabei selbst eigene Lücken oder Unstimmigkeiten.
- Er gewinnt mitunter auch selbst neue Einsichten zu seiner Situation und Interessenlage.
- Der „Interviewer" erhält ein wesentlich genaueres Verständnis über die Perspektive des Anderen.

Im idealen Fall wandelt sich das Gespräch damit in eine kreative Suche und gemeinsame Entwicklung guter Lösungswege, die den Wünschen, Anliegen und Interessen aller Seiten ausreichend gerecht werden. Dabei kann auch das entstehen, was Stephen Covey (2003) die „3. Alternative" nennt: *Neue* Lösungen, die vorher noch keiner gesehen hatte und die für alle Beteiligten von Vorteil sind.

4.3.4 Wie Sie den Stier bei den Hörnern packen

Wenn Sie den Eindruck haben, dass zwischen Ihnen und Ihrem Gegenüber etwas „nicht stimmt", etwa weil ein Gesprächspartner häufig den Blick abwendet, bestimmte Themen, die eigentlich anstehen, vermeidet, oft die Stirn runzelt oder Ähnliches mehr, dann könnte es sein, dass etwas im Busch ist. Je früher Sie dies klären und den Stier bei den Hörnern packen, desto weniger kann es sich auswachsen, und desto schneller können Sie bei Bedarf gegensteuern. Ungeklärte Störungen können eine Beziehung nachhaltig belasten und selbst Kleinigkeiten können durch die Fantasien unseres Kopf-Kinos verwandelt oder aufgebläht werden zu vermeintlich bösen Absichten und fiesen Gemeinheiten, die dann zu

4.3 Die Geheimnisse der Könner

„gerechten" Gegenreaktionen unsererseits führen. (vgl. Abschn. 4.1.4). Wie schnell dies geschehen kann, beschreibt Paul Watzlawick (2011, S. 37) in seiner berühmten „Geschichte mit dem Hammer": Ein Mann will sich vom Nachbarn einen Hammer ausleihen, um ein Bild aufzuhängen. Auf dem Weg zu ihm entsteht in seinen Gedanken aus der Erinnerung an einen neulich nur flüchtigen Gruß des Nachbarn das Zerrbild eines egoistischen und feindseligen Menschen. Als der Nachbar ihm schließlich öffnet, brüllt ihn unser Mann an: *„Wissen Sie was, behalten Sie doch Ihren blöden Hammer, Sie Rüpel!"*

Wie können Sie **mehrdeutige oder in ihrer Bedeutung unklare Äußerungen und Signale** Ihres Gegenübers ansprechen, um zwischen Missverständnissen und tatsächlich aufkommenden Konflikten zu unterscheiden? Folgendes Vorgehen hat sich in der Praxis bewährt:

1. Beschreiben Sie Ihre *Beobachtung*. Achten Sie dabei sehr sorgfältig auf den Unterschied zwischen Wahrnehmung und Deutung. Sagen Sie nicht „Ich sehe, Sie sind verärgert", sondern *„Ich sehe, Sie legen die Stirn in Falten."*
2. Teilen Sie dann Ihre *subjektive Deutung* mit, z. B.: *„Es kommt mir vor, als wären Sie noch nicht so richtig überzeugt von der angedachten Lösung."*
3. Fragen Sie nach der *Sicht Ihres Gegenübers*, z. B.: „Deute ich das richtig?" oder auch *„Wie denken Sie denn über den Vorschlag?"*

Es fällt vielen Menschen schwer, Sachverhalte einfach nur nüchtern zu beschreiben, statt sie sogleich zu deuten und zu bewerten. Oft kennen sie nicht einmal den Unterschied. Deutungen und Bewertungen aber führen in Gesprächen schnell zu Widerstand und einer unguten Gesprächsdynamik. Achten Sie daher sehr bewusst auf die Unterschiede!

Beschreibung:
- "Sie kräuseln die Stirn."

Deutung:
- "Sie sind verärgert."

Bewertung:
- "Sie blockieren unser Projekt."

Natürlich sind Deutungen und Bewertungen nicht „verboten", aber es hilft, sie ggf. explizit als solche kenntlich zu machen, anstatt sie mehr oder weniger als

„Wahrheit" hinzustellen. Die beiden folgenden Formulierungen führen psychologisch zu sehr unterschiedlichen Auswirkungen: *„Es ist doch offenkundig, dass Sie eigentlich total gegen unser Projekt sind…"* oder *„Mir fällt auf, dass Sie fast jedes Mal, wenn wir über dieses Projekt sprechen … (hier käme die Beschreibung des Verhaltens). Ich weiß nicht, ob ich damit richtig liege, aber auf mich wirkt das so, als ob Sie das Projekt gar nicht befürworten. Stimmt das?"*

Leitlinien:

- Möglichst **wenig bewerten**
- möglichst **wenig interpretieren**
- möglichst **sachlich beschreiben**

Wenn Sie Störungen auf diese Weise anpacken, werden manche davon sich fast unmittelbar von selbst auflösen. Die übrigen treten klarer hervor und liegen dann zur Bearbeitung offen auf dem Tisch. Zum Glück, denn nun haben Sie die Chance zu verstehen, was Ihr Gegenüber antreibt oder stört. Erkunden Sie seine Interessen, zeigen Sie Ihr Verständnis, treten Sie an seine Seite und bahnen Sie als Problemlöser einen gemeinsamen Weg.

4.3.5 Attacke? „So nicht!"

„Jetzt verbreiten Sie hier mal nicht so einen Quatsch!" – Auf Herabsetzungen oder persönliche Angriffe reagieren viele von uns reflexartig entweder mit *Zurückschießen* oder mit dem Versuch, die Grenzverletzung nach außen hin zu *ignorieren*. Gegenvorwürfe und Konter aber führen unter dem Einfluss der Asymmetrie der Wahrnehmung schnell in eine Eskalation. Ignorieren hingegen ermutigt den Angreifer oftmals zu weiteren und nicht selten noch ausgedehnteren Grenzverletzungen. Beide Reaktionsweisen sind also potenziell problematisch und wirken im Übrigen auch nicht gerade souverän. Zum Glück gibt es eine dritte Option, nämlich die der souveränen Selbstbehauptung: Wir nennen sie:

Die Stoppschildtechnik:

- Machen Sie die Grenzverletzung *als solche* kenntlich
- Vermeiden Sie zurückzuschießen
- Führen Sie das Gespräch zum Sachinhalt zurück

4.3 Die Geheimnisse der Könner

Beispiele:

- *„Das mit dem 'Quatsch' überhöre ich jetzt mal, aber was genau stört Sie denn inhaltlich?"*
- *„Ob Ihre Wortwahl angemessen ist, lasse ich mal dahingestellt, aber womit genau sind Sie denn in der Sache nicht einverstanden?"*
- *„Über Ihren Ton möchte ich gerne nachher einmal kurz unter vier Augen mit Ihnen reden. Im Moment aber zunächst die Frage: Was genau ..."* – vor allem bei Provokationen vor Dritten.
- *„Ich bin mit Ihrem Ton nicht einverstanden. Bitte erklären Sie mir sachlich, was Ihnen nicht gefällt."*
- Bei wiederholten Grenzverletzungen: *„Wenn Sie das Gespräch in diesem Ton fortführen, werde ich es abbrechen."* – was Sie im Dienste Ihrer Glaubwürdigkeit dann auch tatsächlich tun sollten.

Solche Stoppschilder kann man seinem Gegenüber in unterschiedlichen „Größen" präsentieren. Besonders groß wäre beispielsweise „Ich verwahre mich aufs Schärfste gegen Ihre völlig unangemessene Ausdrucksweise! Das muss ich mir nicht gefallen lassen!" Sie merken: Größer heißt nicht unbedingt besser.

Faustregel für Stoppschilder:

- so klein wie *möglich*
- so groß wie *nötig*

Erst wenn kleine Stoppschilder wiederholt übersehen werden, greift man Schritt für Schritt zu „deutlicheren", also größeren Varianten.

Unsere Empfehlung: Erarbeiten Sie sich ein paar Standardformulierungen, die zu Ihnen passen. Legen Sie sich ein Repertoire von Stoppschildern abgestufter Größen zu. Klein, mittel, groß. Und lernen Sie diese auswendig. Warum? In Situationen, in denen jemand unsere Grenzen verletzt, fühlen wir uns von solchen Angriffen oft ziemlich überrumpelt. Da hilft es sehr, wenn wir nicht dann erst groß nachdenken müssen, sondern unmittelbar auf ein bereits vorgefertigtes Repertoire zurückgreifen können.

Und setzen Sie die Stoppschilder möglichst zeitnah ein, dann sind sie am wirksamsten (Der Griff auf die heiße Herdplatte tut ja auch nicht erst nach drei Wochen weh).

4.3.6 Notbremsen: Runterkommen von 180 ...

Kennen Sie das? Ein Wort gibt das andere, die Atmosphäre heizt sich zunehmend auf, und plötzlich reagieren Sie keineswegs mehr so souverän und besonnen, wie Sie sich das eigentlich wünschen. Wissen Sie, welches spezifische Verhalten anderer Ihre „Knöpfe drückt"? Welche Situationen sind es, die Sie zur Weißglut bringen? Je besser Sie den eigenen Dünnhäutigkeiten auf die Spur kommen, desto zielgenauer können Sie individuelle Strategien zur (eigenen) emotionalen Abrüstung entwickeln. Unterstützung zur Analyse bieten Testverfahren wie beispielsweise das persolog-Persönlichkeits-Profil oder das wissenschaftlich validierte und standardisierte Verfahren des *Conflict Dynamics Profile*® (CDP). Letzteres wartet neben einer Einordnung des eigenen aktiven und passiven Konfliktverhaltens auch mit Rückmeldungen zu den individuellen Reizpunkten („Hot-Buttons") auf und liefert für Einzelne oder auch ganze Teams eine aussagefähige Grundlage zur zielgerichteten Entwicklung - allein oder auch im Rahmen von Coachings oder Teamentwicklung.

Metakommunikation, Ich-Botschaften, Stoppschilder, langsames und tiefes Atmen, all das sind bewährte Cool-down-Methoden, um von „180" wieder herunterzukommen. Hilfreich ist auch alles, was die Geschwindigkeit der Schlagabtausche reduziert, z. B.: Das bisherige Gespräch nochmal kurz zusammenfassen, aufstehen und Fenster öffnen, innerlich bis zehn zählen, Kaffeepause einlegen, Gespräch verschieben. Auch körperliche Aktivitäten zum Abbau von Stresshormonen können helfen, z. B. Kniebeugen in der Pause. Eher vorbeugend und langfristig ausgerichtet sind allgemeine sportliche Betätigungen und/oder regelmäßige Entspannungsübungen aller Art, wie etwa autogenes Training, Meditation, Yoga, progressive Muskelentspannung nach Jacobson usw. Diese helfen, insgesamt die Schwelle höher zu legen, ab der Sie „in Not" kommen. Wählen Sie Ihre Lieblingsmethoden aus und stellen Sie so Ihre Handlungsfähigkeit auch in hitzigen Gesprächssituationen sicher. Denn gerade in besonders aufgeladenen Auseinandersetzungen wird oft der größte Schaden angerichtet. Cool-down-Techniken bewahren sie vor vorschnellen und eskalierenden Reaktionen, die Sie später bereuen.

Der Lohn der Mühe 5

Der professionelle Umgang mit Konflikten verschafft Ihnen mehr Ressourcen für Ihre eigentlichen Aufgaben. Anstatt sich im täglichen Kleinkrieg aufzureiben gestalten Sie Lösungen. Sie schaffen sich und anderen wertvolle Freiräume. Je erfolgreicher Sie in Sachen Konfliktmanagement sind, desto positiver wirkt sich das auch auf Ihre gesamte Umgebung aus. Es wird nicht immer Friede, Freude, Eierkuchen herrschen, aber die Atmosphäre wird insgesamt spürbar konstruktiver, offener und produktiver. Und Sie werden die Erfahrung des amerikanischen Konfliktmanagement-„Gurus" William Ury bestätigt finden:

> Es gibt keine Garantie. Nicht jede Differenz lässt sich überwinden. Aber bei sehr vielen, weitaus mehr, als allgemein angenommen, ist das möglich.

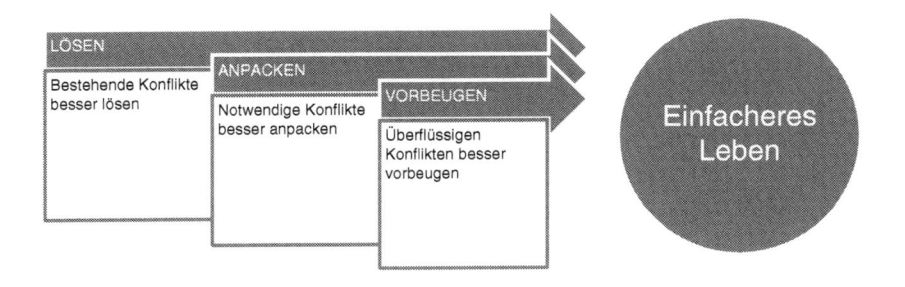

LÖSEN — Bestehende Konflikte besser lösen

ANPACKEN — Notwendige Konflikte besser anpacken

VORBEUGEN — Überflüssigen Konflikten besser vorbeugen

→ **Einfacheres Leben**

Was Sie aus diesem *essential* mitnehmen können

- Professionelles Konfliktmanagement und wie Sie Ihr Leben damit einfacher machen können.
- Bestehende Konflikte besser lösen, notwendige Konflikte besser anpacken und überflüssigen Konflikten besser vorbeugen.
- Handwerkszeug für konstruktive und produktive Beziehungen.
- Ihre Interessen klar verfolgen: Wie Sie anderen dabei weniger auf die Zehen treten und mit der Stoppschild-Technik dafür sorgen, dass das auch umgekehrt so ist.
- Wie Sie die Fallstricke konfliktfördernder Denk- und Wahrnehmungsprozesse umgehen.
- Weniger Kleinkrieg und somit mehr Zeit und Energie für Ihre eigentlichen Tätigkeiten.

Literatur und Quellen

Covey S (2013) Die 3. Alternative: So lösen wir die schwierigsten Probleme des Lebens. Gabal, Offenbach
De Shazer S (1989) Der Dreh. Auer, Heidelberg
Glasl F (2013) Konfliktmanagement: Ein Handbuch für Führungskräfte, Beraterinnen und Berater. Haupt, Bern
Korzybski A (1994) Science and sanity: an introduction to non-Aristotelian systems and general semantics. Institute of General Semantics, 1933. http://esgs.free.fr/uk/art/sands.htm. Zugegriffen: 23. Mai 2016
Ribbeck E https://www.youtube.com/watch?v=oQIKcS2OUpA. Zugegriffen: 03. Mai 2016
Schulz von Thun F (2013) Miteinander reden, Bd 1–3. RoRoRo, Reinbek
Shergill SS, Bays PM, Frith CD, Wolpert DM (2003). Two eyes for an eye: the neuroscience of force escalation. Science 301:187. http://8limbs.us/wp-content/uploads/2014/03/shergill-2003-two-eyes-for-an-eye.-the-neuroscience-of-force-escalation.pdf. Zugegriffen: 23. Mai 2016
Ury W (2007) Getting past no. negotiating in difficult situations. Bantam, New York
Watzlawick P (2011) Anleitung zum Unglücklichsein, 19th Aufl. Piper, München
Watzlawick P (2015) Wie wirklich ist die Wirklichkeit, 16th Aufl. Piper, München

Blinder Fleck

https://de.wikipedia.org/wiki/Blinder_Fleck_%28Auge%29. Zugegriffen: 23. Mai 2016

Konfliktkosten

https://de.wikipedia.org/wiki/Konfliktkosten. Zugegriffen: 23. Mai 2016
http://www.kpmg.com/DE/de/Documents/best-practice-konfliktkosten-management-2012-kpmg.pdf. Zugegriffen: 23. Mai 2016

Satz vom Widerspruch

https://de.wikipedia.org/wiki/Satz_vom_Widerspruch. Zugegriffen: 23. Mai 2016

Folgende Konzepte/Begriffe sind Eigenentwicklungen von W. Schienle

3-Säulen-Modell, Asymmetrie der Wahrnehmung, Mäeutischer Spiegel, Schützengrabendynamik, Stoppschildtechnik, unsichtbarer Tanz

Printed in Germany
by Amazon Distribution
GmbH, Leipzig